내추럴 빈티지 인테리어

센스가 없어도 OK!
따라만해도 성공 보장

내추럴 빈티지 인테리어

Re:CENO 지음 | 박승희 옮김

INTRO

전문가가 알려주는
인테리어 이론과 아이디어

삶을 풍요롭게 만드는 다양한 물건들.

SNS나 가게에서 보고 마음에 든 것을

막연히 느낌 따라 고르는 것도 좋지만

인테리어의 기본과 노하우를 알면 공간이 더 풍성해집니다.

무리하지 않고, 자랑하거나 과시하지 않고

그러면서도 일상을 근사하고 편안하게 보내고 싶은

이들을 위한 책을 만들었습니다.

각 분야의 전문가가 경험을 통해 쌓은 이론과

생활 속에서 제대로 실천할 수 있는 아이디어를

아름다운 사진과 쉬운 설명으로 친절하게 알려드립니다.

자신만의 개성을 담아
편안하게 쉴 수 있는 공간을 만들고 싶지만
인테리어 센스가 없어 어려움을 겪었다면
이 책을 읽어보세요.

싱글 가구의 원룸도
밋밋한 임대 아파트도
근사하게 바꿀 수 있습니다.

멋진 집으로 만들어 줄 기본 이론을
인테리어 전문가가
알기 쉽게 설명해드립니다.

'내추럴 빈티지 스타일'을 적용해
개성과 취향을 담은
아름다운 공간으로 꾸며보세요.

CONTENTS

5	**INTRO** 전문가가 알려주는 인테리어 이론과 아이디어
16	**HOW TO** 이 책의 사용법

PART 01 누구나 따라할 수 있는 내추럴 빈티지 인테리어

20	인테리어 초보자도 할 수 있는 내추럴 빈티지 스타일
21	Re:CENO가 추구하는 멋진 집이란?
22	내추럴 빈티지 스타일이란?
23	인테리어를 디자인하는 과정

PART 02 공간 만들기의 이론

30	**THEORY 001** 벽은 흰색, 바닥은 우드 컬러면 OK
32	• 가구와 바닥 색의 관계
34	**THEORY 002** 면적이 넓은 인테리어 요소는 톤과 컬러를 맞춘다
36	• 톤이란?
37	• 컬러로 통일감 연출
38	• 러그 매트의 톤과 컬러 고르기
39	• 커튼의 톤과 컬러 고르기
40	**THEORY 003** 러그 매트를 깔아 공간을 분리한다
42	• 어스 컬러와 무채색으로 차분한 공간을 만든다
43	• 러그 매트의 적정 사이즈는 소파보다 큼직하게

44	**THEORY 004** 커튼은 딱 맞는 사이즈의 천연 소재를
46	• 커튼은 정사이즈가 원칙
47	• 천연 소재로 공간을 밝고 산뜻하게
48	**THEORY 005** 빛의 양을 조절해 편안한 공간으로
50	• 차광 커튼으로 빛의 양을 조절한다
51	• 숙면할 수 있는 침실로
52	**THEORY 006** 다중 조명으로 깊이감 있는 공간 연출
54	• 공간에 음영과 리듬을 만든다
57	• 소파 옆 플로어 조명으로 포인트 만들기
58	**THEORY 007** 필요한 밝기는 1.5평당 15~20W
60	• 스타벅스 조명에서 힌트를 얻다
62	**THEORY 008** 조명의 컬러는 전구색으로 통일한다
64	• 빛에는 색 온도가 있다
66	**THEORY 009** 거실에는 실링 라이트, 다이닝룸에는 펜던트 라이트
68	• 실링 라이트, 펜던트 라이트

PART 03   가구 선택의 이론

72	**THEORY 010** 톤을 맞춰 가구를 고른다
74	• 일괄 구매하는 경우
75	• 기존 가구에 맞추는 경우
76	**THEORY 011** 심플한 소파에 소품으로 포인트를 더한다
78	• 쿠션은 세 개를 놓는다
79	• 세 번째 쿠션으로 포인트를
80	• 블랭킷으로 포인트를 주어 소파를 꾸민다
82	**THEORY 012** 세련된 의자 선택의 비결은 믹스 스타일
84	• 믹스 스타일의 방식

86	**THEORY 013** 최적의 테이블 사이즈를 파악한다
88	• 필요한 공간에 따라 식탁을 선택한다
89	• 약간 넉넉한 사이즈를 추천
90	**THEORY 014** 테이블 상판과 의자 좌면 사이 간격은 26~30cm
92	• 테이블과 의자 좌면의 거리에 따른 느낌
94	**THEORY 015** 수납의 법칙은 보여주기 2 VS 숨기기 8
96	• 보여주는 수납과 숨기는 수납을 구분한다
97	• 바구니를 이용한 사각 수납
98	**THEORY 016** 침대는 여유있게 한 치수 큰 사이즈를
100	• 일반적인 침대 사이즈
101	• 뒤척임을 고려해 한 사이즈 크게

PART 04   장식의 이론

106	**THEORY 017** 포인트 아이템으로 꾸민다
108	• 색이 아닌 질감과 멋으로 포인트를 준다
109	• 포인트 아이템은 5종류로 구성
110	**THEORY 018** 포인트 아이템 ① 고풍스러운 소품으로 깊은 멋을 낸다
112	• 앤티크의 힘을 빌린다
114	**THEORY 019** 포인트 아이템 ② 시간과 함께 변해가는 물건을 내 스타일대로 길들인다
116	• 세월의 변화를 즐긴다
118	**THEORY 020** 포인트 아이템 ③ 패브릭 아이템으로 공간에 표정을 만든다
120	• 천의 질감을 포인트로
122	**THEORY 021** 포인트 아이템 ④ 자연 소재로 복잡성을 더한다
124	• 식물의 힘을 빌린다
125	• 나뭇가지를 활용한다
126	• 생화를 활용한다
127	• 드라이플라워를 활용한다

128	**THEORY 022** 포인트 아이템 ⑤ 수작업 흔적이 느껴지는 소품으로 따뜻함을 더한다
130	• 따뜻함이 느껴지는 아이템을 일상에 담는다
132	**THEORY 023** 장식의 비결 ① 포컬 포인트를 만든다
134	• 눈에 잘 띄는 장소가 중요
136	**THEORY 024** 장식의 비결 ② 디스플레이는 수직, 입체, 평면의 3종 세트
138	• 3가지로 삼각 구도를 만든다
139	• 그룹핑으로 잡화를 정리한다
140	**THEORY 025** 장식의 비결 ③ 반복의 기술을 활용한다
142	• 반복하면 통일된 느낌이 난다
143	• 균등하게 배치한다

PART 05
내추럴 빈티지 인테리어 실천 아이디어

148	공간 만들기의 실천 아이디어	001 ~ 009
159	가구 선택의 실천 아이디어	010 ~ 016
171	장식의 실천 아이디어	017 ~ 025

COLUMN

81	오래 쓸 수 있는 질 좋은 소파를 고르자
102	복제 가구의 종류를 알아보자
113	벼룩시장에 가자
117	정성껏 손질해 오래 사용하자
144	목제 가구의 마감 도장을 알아보자

HOW TO

이 책의 사용법

이 책은 멋진 인테리어를 위한 노하우와 요령을 '이론'과 '아이디어'로 나누어 설명해드립니다.

PART 01에서는 이 책이 지향하는 '내추럴 빈티지 스타일'의 개요와 실제로 집을 만들어가는 과정을 정리했습니다.

PART 02~04에서는 공간 만들기, 가구 선택, 장식 등의 인테리어 과정과 기억해두면 도움이 되는 포인트를 이론적으로 설명했습니다.

PART 05에서는 이론을 실제로 적용한 사례를 소개합니다.

이론 부분
PART 02-04

PART 02에서는 벽과 바닥, 커튼, 조명 계획 등 공간을 만드는데 기본이 되는 사항을 설명하고, PART 03에서는 가구 선택에 대한 이론을 알려드립니다. 기억해두면 좋을 인테리어 상식도 담았습니다. PART 04에서는 볼거리와 개성을 표현하기 위한 장식에 대해 정리했습니다.

아이디어 부분
PART 05

각 이론을 바탕으로 한 실천 아이디어를 소개합니다. 원룸이나 패밀리형 주택, 취미나 취향 등 자신의 이미지에 맞게 집안을 꾸미는 데 참고하기 바랍니다.

동영상으로 확인하세요

이 책에는 게재된 내용을 설명하는 동영상 QR코드가 실려있습니다. 더 자세히 알고 싶은 이론이나 칼럼이 있으면 스마트폰으로 동영상 해설도 함께 확인해 보시기 바랍니다. (유튜브 자막을 한국어로 설정하면 됩니다. 일부 영상은 영어 자막만 제공됩니다)

※ 기재된 정보는 2023년 1월 기준입니다. 정보, URL, 상품 가격 등은 예고 없이 변경될 수 있습니다.
※ 출판에 있어 정확한 기술을 위해 노력하였으나 저자와 출판사가 본서의 내용에 대해 어떠한 보증을 하는 것은 아닙니다. 또한 내용이나 샘플을 바탕으로 한 어떠한 운용 결과에 관해서도 책임을 지지 않습니다.
※ 기재되어 있는 회사명, 제품명은 각각 각사의 상표 및 등록 상표입니다.

PART 01

누구나 따라할 수 있는

내추럴 빈티지 인테리어

먼저 '내추럴 빈티지 스타일'에 대해 알려드립니다.
내추럴 빈티지란 어떤 취향이며 무엇을 중시하는 스타일인지
어떤 순서로 집을 단장해 나갈 것인지 과정도 함께 설명했습니다.

인테리어 초보자도 할 수 있는
내추럴 빈티지 스타일

이 책에서 추천하는 인테리어는 '내추럴 빈티지 스타일'입니다. '내추럴 빈티지'라는 단어는 저희 리세노가 만든 것으로, '심플하고 내추럴한 내장에 톤 다운된 통일감 있는 가구를 배치하고, 빈티지 느낌의 포인트 아이템을 믹스하여 차분한 느낌을 연출하는' 스타일을 말합니다.

　내추럴 스타일은 '나무나 가죽, 마 등의 자연 소재를 활용하며 색감보다 질감을 중시하는 스타일'이라고 정의할 수 있습니다. 여기에 '오랜 세월 사용한 것 같은 운치 있는' 빈티지 요소를 더하면 보다 세련된 분위기의 인테리어를 만들 수 있습니다.

　'인테리어 초보자도 멋지게 인테리어를 할 수 있을까?' 이런 불안한 마음이 들 수도 있습니다. 하지만 걱정마세요. 내추럴 빈티지 스타일을 연출하기 위해 필요한 것은 '센스'가 아니라 '이론'과 '노하우'입니다. 코디의 방정식을 배워 차분한 분위기의 편안한 공간을 만들어 보세요.

동영상으로 해설!

Re:CENO가 추구하는
멋진 집이란?

내추럴 빈티지 스타일은 내장을 심플하게 만들고 전체적인 톤과 색감, 포인트 아이템을 활용해 인테리어를 완성합니다. 임대 원룸부터 대형 분양 아파트와 단독주택까지, 어떤 형태의 주택이든 동일한 스타일링 기술을 응용할 수 있으며 아름다운 인테리어로 완성할 수 있습니다. 베이스가 되는 공간은 외국 인테리어 잡지나 화보집에 나올 것 같은 호화로운 주택이 아니어도 괜찮습니다.

그렇다 하더라도 소파나 테이블 등의 가구를 실제 구입하려고 하면 어떤 선택을 해야 좋을지 막막하고 모르는 것 투성이입니다. '멋있다!'는 생각에 가구를 고르기는 했는데 전체적으로 조화롭지 못한 제각각 인테리어가 되거나, 반대로 장식적 요소가 전혀 없는 썰렁한 집이 되기도 합니다. 이미 그런 경험을 해 본 분도 많을 겁니다.

내추럴 빈티지 스타일의 인테리어에는 기본적인 이론이 있습니다. 그 이론을 따르면 인테리어 초보자가 흔히 겪는 문제들을 간단히 해결할 수 있습니다. "센스가 없어서 힘들 것 같아"라고 포기할 필요가 없습니다. 집을 코디하는 방정식만 익히면 누구나 멋진 공간을 만들 수 있습니다.

내추럴 빈티지 스타일의 가장 큰 특징은 베이직하다는 것. 베이스 공간의 벽은 흰색, 바닥은 플로어링으로 매우 심플합니다. 가구는 트렌드의 영향을 받지 않아 질리지 않고 오래 애용할 수 있다는 것이 특징이죠. 안심하고 한숨 돌릴 수 있는 차분한 분위기가 있어, 어른도 아이도 편안함을 느끼는 느긋한 공간이라고 할 수 있습니다.

내장 공사에 큰돈을 들일 필요가 없으므로 집을 짓거나 리노베이션을 하는 경우에도 내장비가 생각보다 저렴하지요. 품질이 좋으면서도 비용이 합리적이라는 것도 내추럴 빈티지 스타일의 큰 장점입니다.

가구는 차분한 색상과 톤으로 맞추고 컬러는 3가지 색으로 제한합니다. 만약 트렌드를 따르고 싶다면 메인 가구 이외의 '포인트 아이템'을 활용합니다. 세월에 따라 변하는 트렌드를 쉽게 적용할 수 있는 것도 바탕이 되는 인테리어가 베이직하기 때문입니다.

Natural vintage style
내추럴 빈티지 스타일이란?

따뜻함
우드나 소품 등 따뜻한 느낌을 주는 아이템을 선택하여 온기 있는 집으로.

편안함
카페나 고급 호텔처럼 우아하고 부드러운 조명으로 편안한 분위기를 연출.

오래 사랑받는
목제품과 놋쇠, 가죽, 멋스러운 빈티지 아이템 등을 활용해 시간의 흐름에 따른 변화를 즐긴다.

차분함
흰색과 갈색을 베이스로 하는 색을 쓰고 톤을 통일해 차분한 분위기의 공간을 만든다.

고품질
흔하고 저렴한 공산품보다는 자연 소재의 가구와 아이템으로 고급스러운 공간을 완성한다.

질리지 않는
공간도, 가구도 트렌드에 좌우되지 않는 베이직한 것을 선택. 질리지 않고 오랜 세월 쓸 수 있다.

인테리어를 디자인하는 과정

① 심플한 공간을 준비한다

집의 기본이 되는 내장은 심플 & 내추럴하게

공간을 만들 때 기본이 되는 것은 벽과 바닥. 집을 꾸미기 시작할 때는 우선 이 2가지를 축으로 하여 공간을 꾸미게 됩니다.

'내추럴 빈티지 스타일'의 경우에는 벽과 바닥 모두 매우 심플해도 괜찮습니다. 벽은 가구나 소품의 소재감을 돋보이게 하는 흰색. 바닥은 내추럴, 미들 브라운, 다크 브라운 등 일반적인 플로어링 색이면 됩니다.

만약 집을 새로 짓는다면 맞추고 싶은 가구와 동계색(同系色: 같은 색상이나 비슷한 색상에 명도와 채도의 변화를 준 색 - 옮긴이)의 바닥재나 창호를 선택하면 색감이 잘 어우러집니다.

하시만 임대 주택이나 이미 완성된 주택이라년 바닥이나 창호가 원하는 색상이 아니어도 걱정마세요. 바닥과 창호가 무슨 색이든 인테리어 테크닉을 통해 완화시킬 수 있습니다. 자세한 것은 2장에서 설명드리겠습니다.

동영상으로 해설!

② 기본 가구와 인테리어를 고른다

톤과 색을 맞춘 통일감 있는 가구와 인테리어를 고른다

내추럴하고 심플한 공간이 완성되었다면 가구와 러그나 커튼 등 면적이 넓은 인테리어를 고릅니다. 하얀 벽과 플로어링 바닥으로 완성된 공간은 새하얀 캔버스와 같습니다.

이 공간에 내추럴 빈티지 스타일의 통일감 있는 가구를 배치해 차분한 느낌의 공간을 만들어 보세요.

내추럴 빈티지 스타일의 특징은 '내추럴하고 차분한 분위기'입니다. 가구의 소재는 목제를 추천합니다. 기본색은 나무와 흙, 식물 등 자연을 연상시키는 어스 컬러와 무채색이라고 기억해두세요.

컬러가 소박하므로 가구 하나하나로 화려함을 연출하기에는 적합하지 않습니다. 하지만 가구와 인테리어를 동일한 톤으로 맞추면 차분한 공간을 만들 수 있습니다.

동영상으로 해설!

동영상으로 해설!

③ 포인트 아이템으로 멋을 더한다

기본이 갖추어진 공간을 포인트 아이템으로 꾸민다

심플하고 내추럴한 공간에 톤 다운된 통일감 있는 가구류를 더하면 집 꾸미기는 드디어 최종 단계에 이릅니다.

소재와 질감을 통일하면 다소 단조로워져 개성과 재미가 부족한 공간이 되기 쉽습니다. 그럴 때는 볼거리를 추가해 이미지를 업그레이드하고 더욱 살기 좋은 집으로 만들 수 있습니다.

<mark>내추럴 빈티지 스타일의 인테리어에서는 색깔로 포인트를 주는 것이 아니라 '포인트 아이템'을 더해 볼거리를 만드는 것이 특징입니다.</mark> 포인트 아이템이란 공간의 포인트가 되는 잡화나 소품 등을 말합니다.

오래된 정취가 느껴지는 빈티지한 것, 시간이 지남에 따라 모습이 달라지는 것, 손으로 짠 것, 자연 소재 제품, 수작업의 흔적이 느껴지는 것을 소개하고 각각의 특색과 활용 방법에 대해 설명할 예정입니다. 포인트 아이템으로 집에 개성을 담아 표현해 보세요.

동영상으로 해설!

센스가 없어도 개성 있고 편안한 집을 만들 수 있습니다.
기본이 되는 공간 만들기와 가구 선택, 장식의 이론을 소개합니다.

- 공간 정리법 → **PART 02**
- 가구 맞추는 법 → **PART 03**

- 소품으로 장식 → **PART 04**
- 이론을 활용한 실제 사례 → **PART 05**

PART 02

공간 만들기의 이론

먼저 집의 기초가 되는 벽과 바닥
넓은 면적을 차지하는 커튼과 러그 매트에 대한 이론을 살펴봅니다.
공간을 만들 때 큰 영향을 미치는 조명 계획에 대해서도 자세히 설명해 두었습니다.

THEORY
001

벽은 흰색
바닥은 우드 컬러면 OK

내추럴 빈티지의 기본은 '흰 벽'과 '심플한 바닥'

'벽'과 '바닥'은 내장의 기본이 되는 중요한 요소. 내추럴 빈티지 스타일의 공간을 만들려면 벽과 바닥 등의 내장은 '심플한 것'을 추천합니다. 세련된 인테리어를 하려면 '잡지에 나올법한 멋진 집이어야 하지 않을까?'라고 생각하기 쉽습니다.

하지만 내추럴 빈티지 스타일에서는 특별히 멋진 벽이 필요 없습니다. 임대 건물에서 흔히 볼 수 있는 흰색 벽지의 평범한 벽으로도 충분히 멋진 인테리어를 실현할 수 있습니다.

바닥도 마찬가지입니다. 고급 천연목이 물론 매력적이겠지만 현재 집에 시공되어 있는 바닥재로도 충분합니다. 우드 컬러에는 '내추럴', '미들 브라운', '다크 브라운' 등 밝기와 색감에 따라 다양한 종류가 있습니다. 각자 자신이 좋아하는 취향이나 맞추기 쉬운 가구 색이 있으므로 바닥 색을 주의 깊게 살펴보세요.

흰벽과 심플한 바닥만 있으면 어떤 평면이든 괜찮습니다.

동영상으로 해설!

가구와 바닥 색의 관계

임대 주택 등 바닥 컬러가 맘에 들지 않아도 이상적인 공간을 포기하지 말자

집에서 바닥은 차지하는 면적이 넓은 만큼 인테리어에 미치는 영향도 크기 마련이지요. 집의 내장을 처음부터 새로 만든다면 바닥은 가구와 가까운 색으로 고르는 것이 좋습니다.

하지만 임대 주택이라면 취향에 맞는 바닥색을 기대하기는 어렵지요. 산뜻한 내추럴 분위기를 좋아하는데 바닥 색이 묵직하고 차분한 느낌의 다크 브라운일 경우도 있습니다. 그렇다고 이사할 때마다 바닥 색에 맞는 가구를 구입할 필요는 없습니다.

가구 배치를 적절히 하거나 러그 매트를 깔아 바닥 색의 영향을 줄일 수 있습니다. 코디 테크닉을 알아두면 바닥이 어떤 색이든 고민할 필요가 없습니다.

밝은 바닥

바닥 색이 내추럴하고 밝은 집은 산뜻한 느낌을 줍니다. 집이 넓어보이는 효과도 있지요. 가구의 색을 내추럴 컬러로 맞추면 압박감이 없는 가벼운 분위기가 됩니다. 내추럴 계열과 북유럽풍에서 많이 사용합니다.

어두운 바닥

깊이 있는 브라운 바닥은 차분한 느낌을 줍니다. 가구를 미들 브라운으로 맞추면 더욱 중후하게 느껴지지요. 빈티지 느낌이 강한 인테리어에서 자주 사용합니다. 반대로 밝은 가구를 배치해 대비감을 즐기는 것도 좋습니다.

내추럴한 바닥

가구와 러그 매트로 커버하면
바닥 색은 크게 신경 쓰지 않아도 된다

집안에서 바닥 색의 인상이 강하게 느껴지는 이유는 넓은 면적을 차지하고 있기 때문.

필요한 가구를 배치해 바닥 색이 덜 보이도록 하면 강했던 인상이 약해집니다. 러그 매트로 넓은 바닥면을 커버하면 더욱 효과적입니다.

브라운 바닥

화이트 바닥

동영상으로 해설!

전문가의 Advice

리노베이션이나 신축을 하게 된다면 한쪽 벽면에만 색을 쓰거나 우드를 붙여 포인트를 주는 것도 추천합니다. 임대 주택의 경우, 떼어낼 수 있는 형태의 벽지를 사용하면 벽에 흠집이나 흔적이 남지 않아 편리합니다.

벽과 바닥만으로도 내추럴함을 연출할 수 있지만 완성도를 너욱 높이기 위해서는 문이니 기둥 등 창호의 색상에도 주목하세요. 바닥과 마찬가지로 가구와 창호의 색을 맞추면 대비감이 줄어들어 아이템의 소재감을 돋보이게 할 수 있습니다.

포인트가 되는 벽

창호의 색을 맞춘다

THEORY
002

면적이 넓은 인테리어 요소는
톤과 컬러를 맞춘다

가구와 커튼, 러그 매트 등 대형 인테리어 선택법

마음에 드는 소파와 테이블을 구매해 배치했는데 기대했던 멋진 공간이 연출되지 않아 당황했던 경험이 있을 겁니다. 무엇이 문제였을까요? 그 이유는 '톤의 통일'과 '색 조합'이라는 중요한 포인트를 생각하지 않고 가구를 구매했기 때문입니다.

인테리어 초보자는 가구 구매를 검토할 때 단품으로 파악하는 경향이 있습니다. ==단품으로서의 소파와 테이블이 아무리 예쁘고 세련돼도 톤과 색의 조합을 고려하지 않으면 기존에 있던 가구와 조화를 이루지 못하고 겉돌 가능성이 높습니다.==

다시 말해, 이 두 가지 포인트만 이해하고 있으면 가구를 단품이 아닌 '집을 구성하는 요소' 중 하나로 파악하게 됩니다. 그리고 가구 구입 후에 집안의 분위기가 산만해지는 실수를 범하지 않게 됩니다.

소파나 테이블뿐만 아니라 집안에서 큰 면적을 차지하는 커튼과 러그 매트를 고를 때도 마찬가지로 톤과 색 조합의 요령을 기억하기 바랍니다.

동영상으로 해설!

톤이란?

큰 인테리어는 차분하고 어두운 톤으로 고른다

아래 그림은 톤 분류도의 '색상환'이라는 것입니다. 세로축은 명도이며, 위로 갈수록 밝고 아래로 갈수록 어두워집니다. 가로축은 채도이며 오른쪽으로 갈수록 선명하고 왼쪽으로 갈수록 흐려집니다. <mark>분류도 안에서 명도와 채도가 비슷한 색상을 모은 것을 '톤'이라고 합니다.</mark> 예컨대 파랑에도, 선명한 파랑, 부드러운 파랑, 어두운 파랑 등 다양한 톤의 파랑이 있습니다. 이것에 신경 쓰지 않고 다른 톤과 맞추면 위화감이 생깁니다.

집을 구성하는 가구의 톤도 마찬가지입니다. 집 전체의 톤이 일치하면 전체적으로 조화를 이루는 차분한 공간이 됩니다. <mark>내추럴 빈티지 스타일은 차분함을 추구하는 인테리어 스타일이므로 채도가 낮은 톤을 사용합니다.</mark>

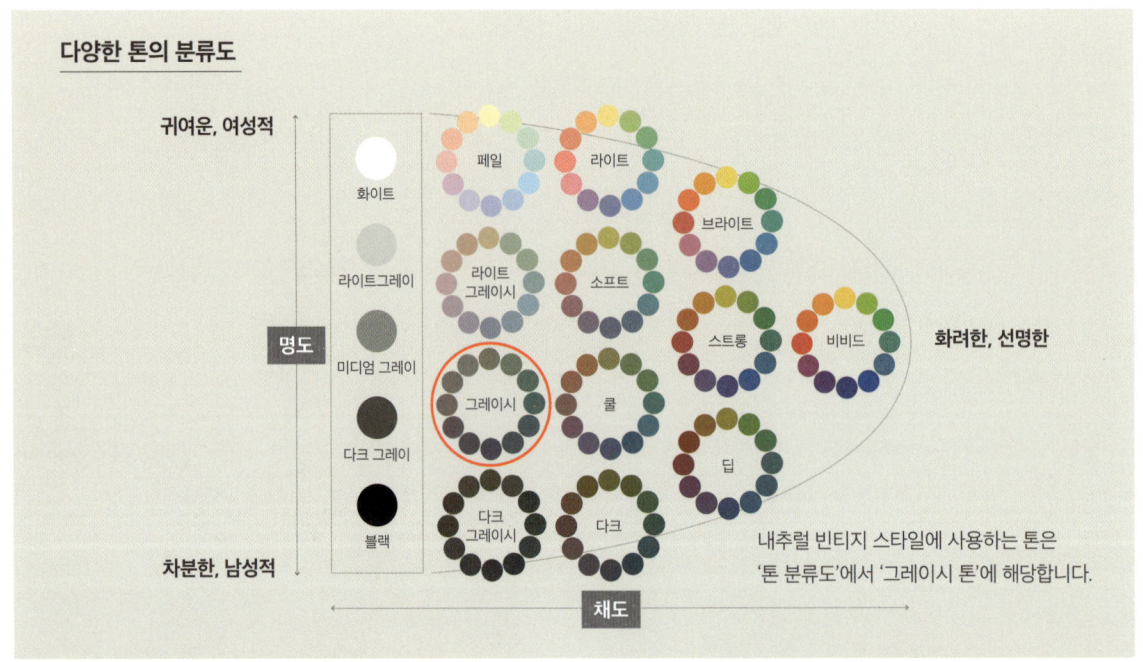

톤이 맞지 않는

주변 가구들과 달리 화사한 톤의 소파를 배치하면 소파만 겉돌아 전체적으로 통일감을 연출하기 어렵습니다.

톤이 맞는

주변 가구들과 톤이 맞는 소파를 두면 집에 통일감이 생기고 차분한 공간이 됩니다. 가구를 살 때는 같은 톤의 제품을 선택하세요.

컬러로 통일감 연출

어스 컬러와 무채색으로 고르면 차분한 분위기를 연출할 수 있다

내추럴 빈티지 스타일의 기본색은 '어스 컬러'와 '무채색'으로, 이 조합은 공간에 통일감을 줍니다. 어스 컬러는 나무나 흙, 식물 등 자연을 이미지화한 색. 약간 어두운 톤이라 차분한 느낌을 연출할 수 있습니다.

무채색은 명도만 있는 색으로, 화이트, 그레이, 블랙 등을 가리킵니다. 이름 그대로 색깔이 없기 때문에 다른 색을 방해하지 않습니다.

좋아하는 색의 소파를 골라 포인트 컬러로 쓰는 테크닉도 있지만, 내추럴 빈티지 스타일에서는 색으로 포인트를 주지 않고 전체적인 조화를 우선합니다. 포인트는 소품을 활용해 살리는 것이 핵심입니다.

테이블과 TV 받침대, 침대는 어스 컬러로, 선반 철제와 러그 매트, 소파는 무채색을 사용해 통일감을 연출. 큰 가구는 '인테리어의 주인공' 역할을 하므로 소파의 컬러는 다른 가구와 톤을 맞춰 차분한 색으로 고르세요.

러그 매트의 톤과 컬러 고르기

러그 매트와 커튼도 톤과 색의 선택이 중요

집 안에서 큰 면적을 차지하는 러그 매트와 커튼은 톤의 통일과 색 조합이 중요. 가구 선택과 마찬가지로 톤을 억제하고 색은 무채색으로 제한하는 것이 핵심입니다.

어스 컬러로 통일된 공간에 밝은 블루나 옐로우가 들어가면 그것만 눈에 띄어 전체적인 조화가 무너집니다. 또한 무늬 있는 커튼 등을 사용하면 커튼만 눈에 거슬려 내추럴 빈티지와 멀어지는 결과가 됩니다. 통일감 있게 선택하면 차분한 인테리어의 기본이 만들어집니다.

러그 매트에 대한 자세한 내용은 41쪽을 참고하기 바랍니다.

색감이 맞지 않다

어스 컬러나 무채색에서 크게 벗어난 컬러를 사용하면 러그 매트만 눈에 거슬려 집의 분위기가 깨집니다. 면적이 넓은 러그 매트의 색은 어스 컬러나 무채색으로 고르세요.

너무 선명하면 겉돈다

어스 컬러의 러그 매트를 사용하고 있지만 톤이 선명해 겉도는 상태입니다. 전체적인 조화가 깨져 있어 눈에 거슬립니다. 어스 컬러 중에서도 톤 다운된 것을 고르세요.

무채색을 고른다

넓은 면적을 차지하는 러그 매트는 다른 가구의 색을 방해하지 않는 무채색으로. 톤 다운된 컬러는 존재감을 드러내지 않고 주변 가구를 돋보이게 합니다. 다만 너무 밝은 흰색이나 광택 나는 회색, 너무 진한 검정 등은 조화가 깨지기 쉬우니 피하세요.

연한 색을 선택한다

선명한 컬러의 러그 매트를 차분한 톤으로 바꾼 것 뿐인데 전체적으로 부드럽고 차분한 분위기로 변신. 주변 가구나 인테리어와도 조화를 잘 이룹니다.

커튼의 톤과 컬러 고르기

연한 색 커튼

베이지나 화이트 등 연한 색 커튼을 사용하면 흰 벽과 자연스럽게 어울립니다. 흰색은 팽창색이므로 집이 넓어 보이는 효과도 있습니다. 내추럴 빈티지 스타일에서는 베이지나 화이트 등의 연한 색 커튼을 선택하는 것이 정답입니다.

진한 색 커튼

바닥 색은 베이지나 브라운인 경우가 많으므로 진한 색 러그 매트를 깔아도 거부감 없이 잘 어울립니다. 하지만 커튼은 흰 벽과 이웃한 곳에 설치하므로 어둡고 진한 색을 사용하면 커튼 자체의 존재감이 강해집니다. 또한 집이 좁아 보이는 단점도 있습니다.

커튼의 소재감으로 변화를 준다

리넨이나 면이 자아내는 내추럴한 소재감을 즐기자

커튼은 집 안에서 차지하는 면적이 넓어 일상생활을 하면서 자주 보게 되는 아이템입니다. 그래서 '심플한 커튼은 단조로운 인상을 줄 것 같아', '무지는 심심하니까 색깔이나 무늬가 있는 커튼을 쓰고 싶어'라고 생각할 수 있습니다.
너무 심플한 커튼은 벽의 연장처럼 보여 멋이 없는 게 사실입니다. 내추럴 빈티지 스타일에서는 색이나 무늬로 변화를 주지 않고 리넨이나 면 같은 자연 소재의 느낌을 살려 변화를 줍니다. 소재 자체의 멋을 활용하면 집에 표정이 생겨 내추럴하고 멋진 공간이 됩니다. (46쪽 참조).

THEORY
003

러그 매트를 깔아
공간을 분리한다

공간을 구분하고 생활의 균형을 잡아주는 러그 매트의 효과는 절대적!

집에 러그 매트를 깔았나요? 만약 러그 매트가 없다면 꼭 한번 시도해 볼 것을 추천합니다. 사실 러그 매트만 깔아도 여러 가지 장점을 누릴 수 있습니다.

==최대의 장점은 집을 구분해 생활 공간을 나누어 쓸 수 있다는 점==. 예컨대 거실과 다이닝룸이 연결되어 있는 집 거실에 러그 매트를 깔면 시각적인 효과와 함께 러그 매트에 발을 얹었을 때의 촉감을 통해 공간이 구분됩니다.

==이 구분을 통해 휴식을 취하는 장소와 식사나 작업을 하는 장소로 나눌 수 있고, 생활에 균형감이 생기게 됩니다==. 또한 거실 공간은 바닥에 앉거나 눕고 아이가 놀기도 하는 등 좀 더 편히 쉴 수 있는 장소가 됩니다. 어느 정도 두께가 있는 러그 매트라면 물건을 떨어뜨렸을 때 방음 효과가 있고 바닥의 흠집을 방지하기도 합니다.

게다가 집안 이미지를 완전히 바꿔주는 효과가 있습니다. 기분에 따라 러그 매트의 컬러를 바꾸거나 계절감 있는 소재를 사용하는 것만으로도 손쉽게 공간의 이미지를 바꿔가며 코디를 즐길 수 있습니다.

동영상으로 해설!

어스 컬러와 무채색으로 차분한 공간을 만든다

연한 톤 러그 매트로 빈티지한 느낌을 더한다

러그 매트를 고를 때 2번째 핵심 사항은 '컬러'입니다. 차분한 공간을 연출하는 오프 화이트(회색에 가까운 흰색)와 베이지, 브라운, 그레이 계열 등 약간 연한 톤의 컬러를 추천합니다.

이 4가지 컬러는 기존의 가구가 어떤 색이든 맞추기 쉽고 내추럴 빈티지 스타일의 분위기를 연출합니다. 패브릭 선택에 대해서는 119쪽에서 설명하겠습니다.

일반적인 인테리어에서는 컬러를 코디할 때 포인트 컬러를 추가해 공간에 '포인트'를 만듭니다. 그러나 포인트 컬러는 차분한 분위기를 해치는 경우가 있으므로 내추럴 빈티지 스타일에서는 가급적 사용하지 않습니다. 심플하고 연한 컬러를 선택하세요.

그레이 등의 무채색

그레이는 무채색이므로 인테리어를 방해하지 않고 어떤 공간에 사용해도 좋습니다. 무늬가 있는 경우에는 동계색을 사용한 제품을 고르면 눈에 거슬리지 않습니다.

오프 화이트나 베이지

오프 화이트나 베이지 계열의 러그 매트는 부드러운 인상을 주고 싶을 때 추천. 내추럴한 분위기를 연출할 수 있습니다.

브라운 계열

차분한 분위기를 연출할 수 있는 브라운은 남성적인 느낌의 공간으로 완성하고 싶을 때. 에스닉(아프리카, 중남미, 중앙아시아, 몽고 등의 스타일) 풍의 무늬도 추천.

동영상으로 해설!

러그 매트의 적정 사이즈는 '소파보다 큼직하게'

소파의 가로 폭보다 넓은 것을 고른다

러그 매트를 거실에 깔 때는 인테리어의 중심이 되는 소파를 기준으로 사이즈를 선택하면 쉽게 조화를 이룰 수 있습니다.

기본은 '소파의 가로 폭보다 러그 매트의 폭이 넓을 것'. 예컨대 소파의 폭이 180cm라면 가로 폭 190cm의 러그 매트를 까는 것입니다. 러그 매트가 더 크다면 소파와 크기 차이가 나도 조화가 깨지지 않습니다.

또한 소파에 자주 앉는지, 바닥에서 쉬는 경우가 많은지 등의 라이프 스타일에 따라 러그 매트의 크기가 달라집니다. 적정 사이즈를 선택해 편안한 공간을 만드세요.

러그 매트가 소파보다 작으면 어딘가 조화롭지 못한 느낌이. 소파를 중심으로 생활한다면 소파의 폭보다 좌우로 10cm 정도의 여유를 두세요. 바닥에서 휴식을 취하는 경우가 많다면 더 큰 사이즈를 골라 편안하고 느긋하게 지낼 수 있어요.

동영상으로 해설!

일반 시판 매트의 사이즈와 용도

다양한 러그 매트가 있지만 일반적으로 가로 폭 190cm × 130cm 제품의 인기가 좋은 편입니다. 앉거나 누워있기에도 충분한 사이즈입니다. 조금 더 큰 사이즈로는 가로 폭 250cm × 200cm 제품도 있습니다. 이 사이즈면 소파 2개를 L자로 배치할 수 있고 아이들이 거실에서 놀기에도 충분합니다.

THEORY
004

커튼은
딱 맞는 사이즈의 천연 소재를

심플한 천연 소재 커튼으로 인테리어의 조화를 이룬다

내추럴 빈티지 스타일의 인테리어에서 커튼은 '심플한 디자인'과 '느낌 있는 천연 소재'라는 2가지를 기준으로 선택합니다.
  넓은 면적을 차지하는 커튼은 존재감이 큰 아이템. 디자인이 심플하면 존재감을 지나치게 드러내지 않으면서 편안한 공간을 만들 수 있습니다. 무늬가 있는 커튼은 단품으로 보면 멋있어 보이지만 인상이 강해 질리기 쉽습니다. 실제로 사용해 보면 무늬가 눈에 거슬려 공간의 조화를 깨뜨립니다.
  또 한 가지 중요한 것은 '느낌 있는 천연 소재'로 고르는 것. 심플한 커튼은 소재감이 눈에 띄게 마련입니다. 화학 섬유 제품이나 저렴한 제품은 인공적이고 밋밋하며 내추럴한 느낌을 살리기 어렵습니다. 천연 소재 커튼은 소재 자체가 내뿜는 분위기가 있어서 고급스러운 느낌을 줍니다.
  천연 소재 커튼과 세트로 사용하면 좋은 것이 실내에 부드러운 햇빛이 들게 하는 얇은 레이스 커튼입니다. 레이스 커튼을 선택할 때도 심플한 천연 소재를 추천합니다.

동영상으로 해설!

커튼은 정사이즈가 원칙

정사이즈로 제작 가능한 주문 커튼을 추천!

커튼에는 일반적으로 '기성 제품'과 '주문 제품'이 있습니다. 기성품 커튼은 고정 사이즈로 판매합니다. 비교적 저렴한 것이 많고 손쉽게 구할 수 있다는 것이 특징. 주문 커튼은 사이즈를 원하는 대로 주문하여 창의 크기에 딱 맞게 만들 수 있지만 기성품보다 비쌉니다.

현대 주택의 창 모양과 사이즈는 천차만별. 기성품 커튼을 설치하면 사이즈가 맞지 않는 경우가 많습니다. 커튼이 창문과 딱 맞으면 보기에 좋을 뿐 아니라 빛과 외부 공기를 차단하고 여닫을 때도 걸림이 없습니다.

커튼은 집에서 넓은 면적을 차지하며 시선의 높은 쪽에 위치하므로 인테리어 중에서도 매우 중요한 아이템입니다. 다소 가격이 비싸도 창 사이즈에 딱 맞는 주문 커튼을 선택하기를 권합니다.

허리창의 경우

드레이프는 창보다 플러스 15cm, 레이스는 창보다 플러스 14cm로 만들면 예쁩니다. 창보다 여유 있게 만들면 빛을 확실하게 가릴 수 있습니다. 주문 커튼의 사이즈를 잴 때 너비는 제일 가장자리 러너의 구멍 중앙에서 다른 끝 러너의 구멍 중앙까지, 길이는 러너 아래에서 창틀 아래까지의 길이를 잽니다.

바닥창의 경우

드레이프 커튼은 바닥보다 마이너스 1cm, 레이스 커튼은 바닥보다 마이너스 2cm 크기로 만들면 예쁩니다. 1cm의 틈이 있으면 커튼을 여닫기 쉽고 창 전체를 덮을 수 있습니다. 소재에 따라 신축성이 생기는 경우도 있으니 주문 시 직원과 상의해 구매하세요.

너무 길거나 너무 짧으면 보기 흉하다

사이즈가 맞지 않는 기성품을 무리해서 달면 커튼의 길이가 모자라 창을 완전히 덮지 못하거나 반대로 너무 길어서 커튼을 여닫을 때 바닥에 끌리는 등 보기 흉할 뿐 아니라 기능적으로도 문제가 생깁니다.

천연 소재로 공간을 밝고 산뜻하게

내추럴 빈티지 스타일의 인테리어에서 중요한 것은 디자인과 촉감, 질감 등 각 아이템의 소재감을 중시하고 개성이 강한 색은 삼가는 것입니다.

특히 넓은 면적을 차지하는 커튼은 소재감과 색상에 신경 써서 고릅니다.

커튼 소재로는 리넨이나 코튼을 추천합니다. 소재의 차이에 따라 집안 분위기가 달라지므로 좋아하는 인테리어 스타일에 맞춰 고르세요.

천연 소재 커튼은 보기에만 좋은 것이 아닙니다. 여닫을 때 손에 닿는 느낌이 좋고 질감이 부드럽지요. 또한 실내로 들어오는 빛을 부드럽게 만들기 때문에 매일 생활하면서 장점을 실감할 수 있습니다.

동영상으로 해설!

리넨
내추럴하고 운치 있는 집
리넨 소재는 빳빳하고 내추럴한 느낌이 강하지만, 쓰다 보면 부드러워지면서 운치가 생기고 빈티지 가구와 잡화와 잘 어울려 서로의 매력을 돋보이게 합니다. 내추럴한 분위기를 연출하고 싶은 분, 빈티지나 앤티크 아이템을 좋아하는 분에게 추천.

리넨 + 코튼
밝고 산뜻한 집
리넨에 코튼을 더하면 소재감이 부드러워져 밝고 산뜻함을 느낄 수 있습니다. 100% 마에 비해 질감이 빳빳해 스타일리시하고 고급스러운 느낌. 빈티지뿐만 아니라 밝고 자연스러운 컬러의 가구나 산뜻한 느낌의 인테리어와도 잘 어울립니다.

체크 무늬
우아하면서도 정돈된 집
무늬 있는 커튼을 사용한다면 내추럴 컬러를 고르는 것이 핵심. 가늘고 균일한 체크 무늬는 정돈된 느낌과 깔끔한 인상을 줍니다. 무늬가 적당한 포인트가 되므로 그 밖의 아이템은 심플하게 마무리. 무심한 체크 무늬가 심플한 공간에 변화를 가져다줍니다.

헤링본
우아하고 따뜻한 집
표면이 올록볼록한 커튼은 포근하고 우아한 분위기로 공간에 '따뜻함'을 더해주는 효과가 있습니다. 멀리서 보면 무지로 보이지만 빛에 비치면 무늬가 보이는 정도의 천이라면 심플함을 유지하면서 집 전체에 따뜻한 느낌을 줄 수 있습니다.

THEORY
005

빛의 양을 조절해
편안한 공간으로

커튼과 조명을 조절해 편안한 공간을 만든다

태양광이 가득 쏟아져 들어오는 볕 좋은 집은 밝고 따뜻해 장점만 있다고 생각하기 쉽습니다. 하지만 실제로는 지나치게 눈부신 석양으로 실내 온도가 높아지거나, 가구와 창호의 색이 쉽게 바래는 경우도 있습니다.

침실의 경우, 방을 깜깜하게 만들고 싶은데 아침 해가 눈부셔 잠에서 깨는 일도 생깁니다. '커튼'과 '조명'을 적절히 활용해 빛을 컨트롤하세요. 아침 햇살을 받으며 눈뜨고 싶은 분은 차광 기능이 없는 침실 커튼을, 아침 햇살에 방해받지 않고 푹 자고 싶은 분은 차광 기능이 있어 빛을 차단하는 커튼을 추천합니다.

조명은 따뜻한 느낌의 전구색을 사용합니다(63쪽 참조). 우리가 매일 받는 햇빛은 호르몬 분비와 자율 신경계에 영향을 미쳐 건강을 좌우한다고 합니다. 오렌지색 석양과 전구의 따뜻한 빛은 부교감신경을 자극해 릴랙스 효과를 높입니다. 침실에 오렌지색 조명을 쓰면 마음이 온화해지고 평온하게 수면 스위치를 켤 수 있습니다.

동영상으로 해설!

차광 커튼으로 빛의 양을 조절한다

서향의 창과 침실에는 암막 커튼을

석양이 강하게 들어오는 공간이나 눈부신 아침 해를 막고 싶은 침실 등에는 차광 기능이 있는 커튼을 사용하세요.

==차광 커튼이란 빛이나 열을 차단할 수 있는 커튼입니다.== 소재에 따라 급이 달라지는데, 차광 1급 제품은 99.9%의 빛을 차단할 수 있습니다.

내추럴 빈티지 스타일의 공간에는 자연스러운 분위기를 즐길 수 있는 천연 소재 커튼을 추천합니다. 천연 소재 원단에는 차광 기능이 없는 경우가 많은데, 차광 안감을 달면 차광 기능을 넣을 수 있습니다.

==햇빛이 많이 들어오는 서향 창이나 깜깜하게 만들고 싶은 침실에는 차광 안감을 단 커튼을 달면 좋습니다.==

차광 커튼으로 침실을 깜깜하게

차광 커튼은 차광 등급에 따라 약한 빛을 느낄 수 있는 방으로도, 암실처럼 깜깜한 방으로도 만들 수 있습니다.

실내 온도를 유지하는 효과도 있어 한여름이나 한겨울 등 냉난방 기구를 사용하는 시기에는 절전에도 도움이 됩니다.

일반 커튼으로 거실이나 다이닝룸에 부드러운 빛을

차광 기능이 필요 없는 경우에는 천연 소재를 선택하세요. 리넨이나 면 등의 천연 소재는 실내에 부드러운 빛을 전달하고 내추럴한 분위기를 연출하기 때문입니다.

동영상으로 해설!

숙면할 수 있는 침실로

조도를 낮춰 릴랙스 효과를 높이는 차분한 빛

침실은 양질의 수면을 위해 중요한 공간. 잠을 잘 자면 쌓였던 피로가 풀리고 새로운 하루를 맞을 수 있습니다. 수면의 질을 크게 좌우하는 것은 '빛'입니다. 우선 다른 방과 마찬가지로 조명의 색은 전구색으로 맞춥니다.

주백색 조명은 작업에 집중할 때는 좋지만 뇌가 활성화되므로 침실에는 권장하지 않습니다. 천장 조명이 아니라 플로어 조명이나 테이블 조명 같은 간접 조명을 사용하세요. 여러 개의 부드러운 조명을 쓰면 릴랙스 효과가 있습니다.

또한 플로어 조명과 테이블 조명은 자유롭게 배치할 수 있으므로 광원을 조정하기 쉽다는 장점도 있습니다. 밝기를 조정할 수 있는 스마트 조명도 추천합니다(65쪽 참조).

아침 햇살에 자연스럽게 눈뜨기

아침 햇살이 비쳐드는 방에서 자연스럽게 눈뜨고 싶다면 커튼의 차광 등급을 낮추거나 빛이 잘 통하는 밝은색 커튼을 사용하세요. 리넨이나 면 등의 천연 소재는 따뜻한 빛을 전달해 기분 좋게 잠에서 깨어나게 해줍니다.

조광 기능이 있는 테이블 조명

침실의 빛을 조절할 때 추천하는 것은 조광 기능이 있는 테이블 조명입니다. 빛의 양을 줄이면 릴랙스 공간이 됩니다. 이동 가능한 타입이 편리합니다.

아로마 캔들

아로마 캔들의 하늘거리는 불꽃과 기분 좋은 향기는 우리를 수면의 세계로 인도합니다. 화재 위험이 걱정된다면 건전지식 타이머가 달린 양초나 아로마 포트를 추천합니다.

THEORY 006

다중 조명으로
깊이감 있는 공간 연출

여러 개의 조명을 더해 릴랙스 공간을 확보

이제부터는 조명에 대해 살펴보겠습니다. 조명을 어떻게 사용하느냐에 따라 분위기 있는 차분한 방을 만들 수 있습니다.

'다중 조명'이라는 말을 들어본 적 있나요? 집 안에 여러 개의 등을 조합해 비추는 것을 말합니다. 다중 조명을 설치하면 각각의 조명에서 나온 빛이 서로 겹치면서 '그림자'와 '리듬'이 만들어집니다. 깊이감을 연출할 수 있고 드라마틱한 공간을 만들 수 있지요.

인테리어 초보자들은 흔히 천장 조명 하나만으로 방을 밝히는 경우가 많습니다. 이것만은 절대 하지 마세요! 단 하나의 조명만으로는 모든 것이 균등하게 밝아져 무미건조한 분위기가 됩니다. 그림자도 리듬도 생기지 않는 밋밋한 공간이 되어 버리죠.

'조명을 어떻게 쓰느냐'는 편안한 밤을 보내기 위해 매우 중요한 포인트입니다. 보다 매력적인 인테리어가 가능해지며 느긋한 한때를 연출할 수 있는 '조명 계획'과 '배치 포인트'에 대해 살펴보겠습니다.

동영상으로 해설!

공간에 음영과 리듬을 만든다

편안하고 아늑한 공간을 만들기 위해 조명을 어떻게 써야 하는지 기본을 소개하겠습니다.

전등 하나로 필요한 밝기를 다 해결하려 하면 한 방향에서만 밝은 빛이 발산돼 공간 전체가 평면적인 느낌이 됩니다.

다중 조명을 쓰면 천장 조명뿐 아니라 플로어 조명이나 테이블 조명 등 여러 개의 조명을 조합해 전체적으로 그 공간에 필요한 밝기를 확보합니다. 그렇게 되면 공간에 밝은 곳과 어두운 곳이 생겨 아름다운 그림자와 리듬이 생겨납니다.

천장 조명만 있어 밋밋하다

천장 조명만 있으면 눈부시게 강한 빛이 머리 위를 비추게 됩니다. 한 방향에서만 강한 빛이 비추면 밋밋한 인상을 주어 모처럼 멋있게 만들어 놓은 공간의 분위기가 살지 않습니다.

여러 개의 조명이 아름다운 그림자를 연출

한 공간에 여러 개의 조명을 두면 각 조명에서 나오는 빛의 양이 적어 눈부심이 덜합니다. 조명 주위는 어렴풋이 밝고 조명에서 떨어진 곳은 어두워져 깊이감을 연출할 수 있습니다. 조명색은 전구색으로 통일합니다.

천장 조명

천장에 설치하는 조명. 매다는 타입의 펜던트 라이트와 천장에 붙여 설치하는 타입의 실링 라이트, 전등 갓의 각도를 바꿀 수 있는 스포트라이트 등이 있습니다.

테이블 조명

테이블이나 선반 위에 두는 비교적 소형의 이동식 조명입니다. 거실에서는 소파 옆, 침실에서는 침대 옆에 둡니다.

플로어 조명

공간의 구석진 곳이나 테이블, 침대 옆 등에 두는 이동식 조명입니다. 받침대가 길고, 광원이 테이블 조명보다 높은 위치에 있는 것이 일반적. 간접 조명이나 부분 조명으로 쓰입니다.

실천편

빛의 양을 조절할 수 있는 여러 개의 조명으로 공간을 만들어 보세요.

천장에만

천장 조명만으로 필요한 밝기를 확보한 상태. 천장에서 강한 빛이 비추기 때문에 전체적으로 밋밋한 인상을 줍니다.

약한 천장 조명 + 플로어 조명

천장 조명의 밝기를 일단 낮추고 플로어 조명을 켜 밝기를 더했습니다. 천장 조명만 있을 경우와 비교하면 그림자와 리듬이 생깁니다.

약한 천장 조명 + 플로어 조명 + 테이블 조명

테이블 조명을 더 켜서 한층 더 밝게. 3개의 조명을 조합하면 그림자와 리듬이 생겨 공간 전체의 느낌이 다채로워집니다.

조명을 고려할 때는 천장 조명, 플로어 조명, 테이블 조명을 조합해 필요한 밝기를 확보하세요.

소파 옆 플로어 조명으로 포인트 만들기

동영상으로 해설!

비치는 소재를 고른다

전등 갓은 투과성이 있는 타입과 없는 타입이 있으며 소재에 따라 빛의 양이나 빛을 비추는 방식, 느낌 등이 달라집니다. 내추럴 빈티지 스타일에 어울리는 것은 리넨이나 종이, 유리 등의 투과성 있는 타입. 빛이 투과되면 공간 전체에 부드러운 빛이 확산되면서 아늑한 공간을 만들 수 있습니다.

거실 조명은 인테리어와 실용성이 중요!

테이블 조명이나 플로어 조명은 사람의 시선 높이에 있으므로 자연스럽게 시야에 들어옵니다. 그래서 조명을 사용하지 않는 밝은 시간대에는 인테리어로서도 중요한 역할을 하는 아이템이라고 할 수 있지요.

거실에 플로어 조명과 테이블 조명을 놓는다면 소파 옆에 배치할 것을 추천합니다. '아늑한 인테리어를 연출'할 수 있다는 장점이 있기 때문이죠. 다이닝 룸에서 저녁 식사를 할 때 거실에 사람이 없더라도 소파 옆 조명을 켜보세요. 어슴푸레 켜진 전등을 보면 마음이 편안해집니다. 다이닝 룸만 덩그러니 밝으면 답답함을 느끼게 되는데, 조금 떨어진 위치에도 조명을 켜두면 부드러운 공간이 생겨 더 넓게 느껴집니다.

두 번째 장점은 '소파에서 지낼 때의 편리성'입니다. 소파 옆 조명은 주변을 밝게 비춥니다. 특히 소파에서 독서를 한다면 주변만 비추는 스폿형 조명이 편리합니다.

THEORY

007

필요한 밝기는
1.5평당 15~20W

우아하고 부드러운 빛으로 차분한 공간 만들기

조명 선택과 사용법은 공간의 분위기를 결정짓는 중요한 포인트. 내추럴 빈티지 스타일을 연출하기 위해서는 우아하게 공간을 감싸는 부드러운 조명을 추천합니다.
 하지만 아시아에서는 전통적으로 하얗게 밝은 조명을 좋아하는 문화가 뿌리 깊어 임대 주택에 설치된 조명은 눈부시게 밝은 흰색 형광등이 일반적. 아무리 인테리어에 신경을 써도 형광등 하나만으로는 밋밋하고 차가운 느낌을 줄 수밖에 없습니다.
 그에 반해 유럽과 미국에서는 오렌지색 불빛을 좋아하며 집안의 불빛도 아시아만큼 밝지 않습니다. 파란 눈을 가진 사람은 멜라닌 색소가 적어 검은 눈의 아시아인보다 빛에 약하다는 신체적 특징도 영향을 주었으리라 생각됩니다.
 저희 Re:CENO가 생각하는 최적의 밝기는 '1.5평당 15~20W'. 이 정도면 책을 읽을 수 있고 눈이 피로해지지 않는 밝기로 차분한 공간을 연출할 수 있습니다. 참고로 '1.5평당 30~40W'가 좋다는 의견도 있지만 꽤 밝은 편입니다. 우선은 우리 집에 적합한 밝기를 아는 것이 먼저입니다.

동영상으로 해설!

스타벅스 조명에서 힌트를 얻다

아늑한 카페처럼 적당한 어둠을 추구

카페나 고급 호텔 같은 '아늑한 공간'의 '적당한 어둠'은 긴장감을 풀어주고 마음을 누그러뜨립니다. 쉽게 접할 수 있는 사례가 바로 스타벅스 매장입니다. 조명을 검토하는 중이라면 밤에 분위기 있는 가게에 가 자신이 어떤 조명을 좋아하는지 느껴보세요.

우리 눈은 가까이에 있는 것을 계속 보면 '모양체'라는 근육이 긴장해 굳어지고, 그 결과 근력이 약해져 시력이 떨어집니다. '어두운 방에서 책을 읽으면 눈이 나빠진다'는 말은 너무 어두운 곳에서 한 가지를 장시간 가까이에서 본 결과라고 할 수 있습니다. 또 너무 밝으면 동공이 축소되고 긴장 상태가 되어 눈이 피로해집니다.

적당히 어두운 곳에서는 눈이 빛을 받아들이기 위해 동공을 열기 때문에 쉽게 피로해지지 않습니다. 조명은 적절한 밝기를 유지하는 것이 중요합니다.

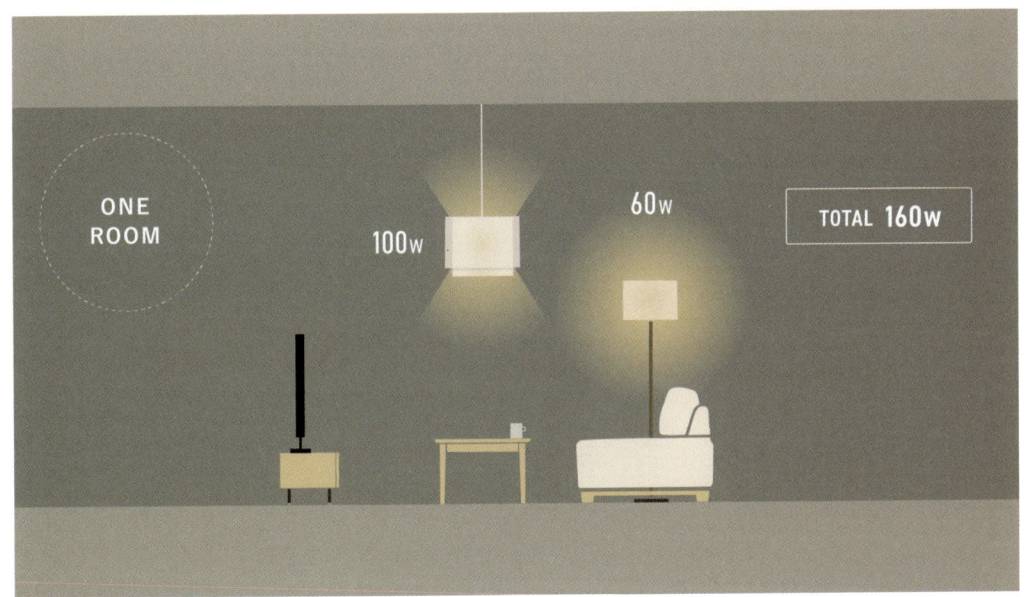

12평의 경우
8 × 20w=160w

12평 원룸의 경우는 120~160w의 밝기를 확보하는 것이 좋습니다. 펜던트 조명으로 100w, 플로어 조명으로 60w를 확보해 원하는 밝기를 만드세요. 침대 옆에 취침용 테이블 조명을 두어도 좋습니다.

38평의 경우
25 × 20w = 500w

38평 LDK의 최적의 밝기는 375~500w 정도. 거실 천장에 60w, 다이닝룸의 펜던트 조명으로 180w, 거실 플로어 조명으로 60w, 거실 테이블 조명으로 60w, 다이닝룸 플로어 조명으로 60w를 확보하면 총 420w가 됩니다.

THEORY 008

조명의 컬러는
전구색으로 통일한다

따뜻한 전구색 조명으로 세련된 생활공간을 비춘다

해외여행 중 밤에 출발하는 비행기를 타본 적 있나요? 이륙 시 창밖으로 펼쳐지는 시가지를 내려다보면 미국과 유럽 국가들의 야경은 오렌지빛이 많은데 비해 일본은 흰빛이 압도적으로 많다는 것을 알게 됩니다. 이 흰빛은 형광등 색입니다. 일본에서 조명이란 흰빛을 발하는 형광등이 주류라고 할 수 있습니다.

일본에 형광등이 뿌리내리게 된 이유는 2차 세계 대전 후 전력 소비가 늘어날 것을 우려한 정부가 형광등을 권장한 것이 발단이라고 합니다. 형광등은 백열전구보다 발광 효율이 좋고 수명이 길며 열의 방사도 적다는 장점이 있어 순식간에 일반 가정으로 확산되었습니다.

덕분에 어릴 때부터 형광등이 발하는 '희고 밝은' 빛에 익숙해졌고 지금까지도 문화로 뿌리내리고 있는 것입니다.

용도에 따라 흰 조명이 필요한 경우도 있습니다. 하지만 내추럴 빈티지 스타일의 공간을 만들고 싶다면 기본적으로 흰색의 밝은 형광등이 아닌 '전구색'을 추천합니다. ==전구색 조명은 흰색 형광등이 절대 만들어낼 수 없는 부드러움과 따뜻함을 연출해줍니다.==

동영상으로 해설!

빛에는 색 온도가 있다

일반적인 전구의 종류와 광원의 색 차이를 알아보자

색 온도란 태양광이나 자연광, 조명 등 다양한 광원의 색을 나타내는 척도로 단위는 켈빈(K). 색 온도가 낮을수록 따뜻함을 느끼게 하는 난색, 높을수록 푸른 기가 강하고 차가운 느낌을 주는 한색을 나타냅니다. JIS 규격에는 전구색이 2600~3250K, 주백색이 약 4600~5500K, 주광색은 약 5700~7100K라고 나와 있습니다.

일반적인 조명의 전구에는 백열등, 형광등, LED 3종류가 있습니다. 백열등의 광원 색은 난색이며, 전구 자체는 저렴하지만 전기 요금이 많이 나옵니다. 형광등은 주광색, 주백색, 전구색 등 3가지 색상. 가격은 백열등의 2배가 넘지만 수명이 약 6배이고 전기료도 약 1/4인 절전형 전등입니다.

LED 전등은 전기료가 백열등의 약 1/8, 수명은 20배 이상인 경제적인 전등입니다. 광원의 색은 자연스러운 주백색과 전구색 등 2가지. 전구 자체에서 열이 나지 않으므로 곁에 관엽식물을 놓아도 걱정 없습니다.

각각의 전구에는 장단점이 있는데, 분위기 연출을 위해서는 따뜻한 계열의 색을 추천합니다. 형광등과 LED의 전구색이 좋습니다.

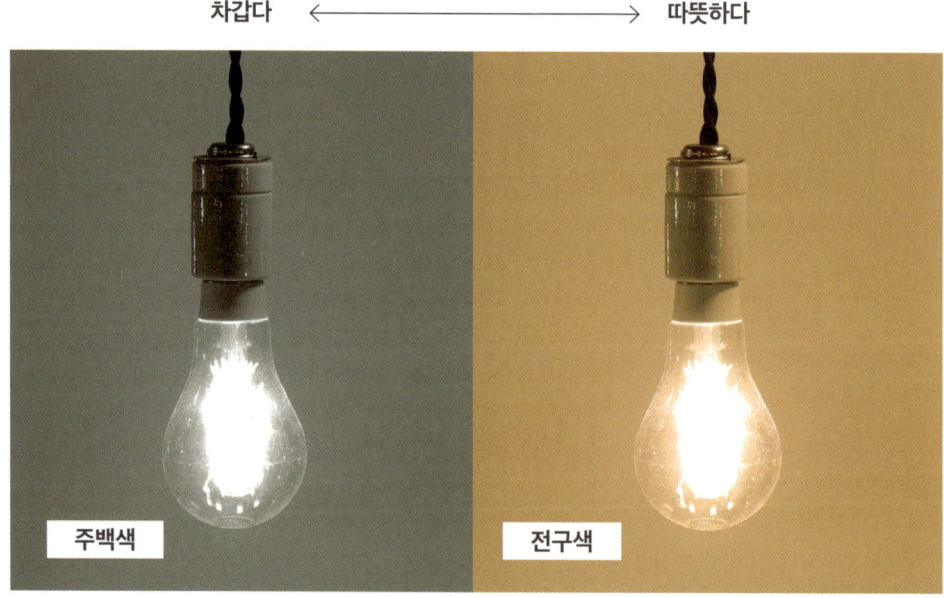

차갑다 ← → 따뜻하다

주백색 | 전구색

색 온도가 높은 빛은 푸른기가 강하고 차가운 느낌. 업무나 공부 등 집중하고 싶을 때 적합하지만 쉴 수 있는 분위기를 내기는 어렵습니다.

색 온도가 낮은 빛은 붉은기가 강하고 따뜻한 느낌. 촛불이나 아침저녁의 노을도 색 온도가 낮은데, 색 온도가 낮으면 색은 마음을 편안하게 해주는 효과가 있습니다.

상황에 따라 조절할 수 있어 편리한 스마트 전구

쾌적하고 편리한 생활을 위해서는 그 공간에 적합한 조명을 쓰는 것이 중요합니다. 하지만 같은 공간에서 지내더라도 공부나 업무를 위해 집중하고 싶을 때가 있는가 하면 느긋하게 쉬고 싶을 때도 있지요.

문제는 필요한 조명의 밝기와 빛의 색깔이 각 상황별로 다르다는 것입니다. 그런 문제를 간단히 해결할 수 있는 것이 '스마트 전구'입니다.

스마트 전구란 조광과 조색 기능을 가진 LED 전구입니다. 스마트폰에서 전용 앱을 조작하면 밝기를 조정하거나 빛의 색을 바꾸는 등 자유자재로 변화를 줄 수 있습니다. 용도에 맞게 빛을 최적화할 수 있는 편리한 기능이니 한 번 사용해 보세요.

스마트 전구는 다양한 브랜드에서 판매. LED 전구이므로 수명이 길어 한 번 구입하면 10년 정도 쓸 수 있어요.

실천편

동영상으로 해설!

우선 스마트 전구로 바꿔 낀다.

전구를 만든 업체의 무료 앱을 다운로드해 사용한다. 스마트폰에서 자유롭게 전구의 색과 빛의 양을 조절할 수 있다.

식사 시간에는 눈에 편하고 마음을 가라앉히는 효과가 있는 오렌지색으로. 저녁에 술을 마신다면 빛의 양을 줄여 사용해 보자.

식탁에서 업무나 공부 등 집중력이 필요한 일을 할 때는 희고 밝은 빛으로 바꿀 수 있다.

THEORY 009

거실에는 실링 라이트
다이닝룸에는 펜던트 라이트

생활 동선에 맞게 조명을 사용한다

거실이나 다이닝룸 천장에 설치하는 조명은 크게 나누어 천장에 바로 설치하는 '실링 라이트'와 천장에 코드나 체인을 매달아 설치하는 '펜던트 라이트'가 있습니다.

실링 라이트는 광원이 높은 위치에 있으므로 부드러운 빛이 광범위하게 널리 퍼지는 것이 특징입니다. 한편 펜던트 라이트는 코드 길이만큼 조명의 위치가 낮아져 빛이 퍼지는 범위가 실링 라이트보다 좁아집니다.

실링 라이트와 펜던트 라이트는 모두 메인 조명으로 쓰이는데, 어떻게 구분해 사용하는 게 좋을까요? 사람이 자주 지나다니는 거실에는 이동 중 머리를 부딪칠 걱정이 없는 실링 라이트를, 식사나 공부 등을 하는 다이닝룸의 조명으로는 가까운 곳을 비출 수 있는 펜던트 라이트를 추천합니다.

거실과 다이닝룸은 생활 동선이 다르고 각 공간의 역할에도 차이가 있습니다. 그래서 적합한 조명의 높이도 다른 것입니다.

동영상으로 해설!

실링 라이트

천장에 직접 설치하는 것이 실링 라이트. 조명 기구가 시야에 들어오지 않아 공간이 넓고 편안하게 느껴집니다.
공 모양이나 원형 등의 심플한 디자인이 많으며 비교적 저렴한 것을 찾을 수 있습니다. 리모컨으로 조광, 전원의 ON/OFF 등을 할 수 있는 기능이 있으면 편리합니다.

POINT
- 천장과 가까운 위치에서 빛을 광범위하게 전달할 수 있다.
- 공간을 깔끔하고 넓어 보이게 하고 싶을 때 안성맞춤.
- 디자인이 심플하며 저렴한 것을 쉽게 찾을 수 있다.

펜던트 라이트

천장에 매달아 설치하는 것이 펜던트 라이트. 전등갓에는 전구의 빛이 투과되는 타입과 투과되지 않는 타입이 있습니다.
빛이 투과되는 타입의 재질은 천, 유리, 종이류 등으로 부드러운 빛이 광범위하게 퍼지며 차분한 분위기를 연출합니다.
빛이 투과되지 않는 타입의 재질은 도기, 목재, 알루미늄 등으로 빛이 아래 방향으로 집중되어 그림자 지는 무드 있는 공간을 만듭니다.
생활하면서 눈에 잘 띄는 위치에 있으므로 디자인을 중시한 아름다운 조명을 선택하는 게 좋습니다.

POINT
- 광원이 가까워 부드러운 빛으로도 테이블이나 가까운 곳을 비출 수 있다.
- 조명으로 공간에 생기가 돌고 인테리어 포인트가 된다.
- 위치 상 눈에 잘 띄므로 좋아하는 디자인을 고를 것을 추천.

펜던트 × 거실

거실은 자주 지나다니는 곳이기 때문에 펜던트 라이트를 설치하면 머리를 부딪치기도 하는 등 방해가 됩니다. 또 거실은 '휴식을 위한 공간'이므로 눈높이 위치에 조명이 없어야 더 넓어 보이고 편안한 느낌을 줍니다.

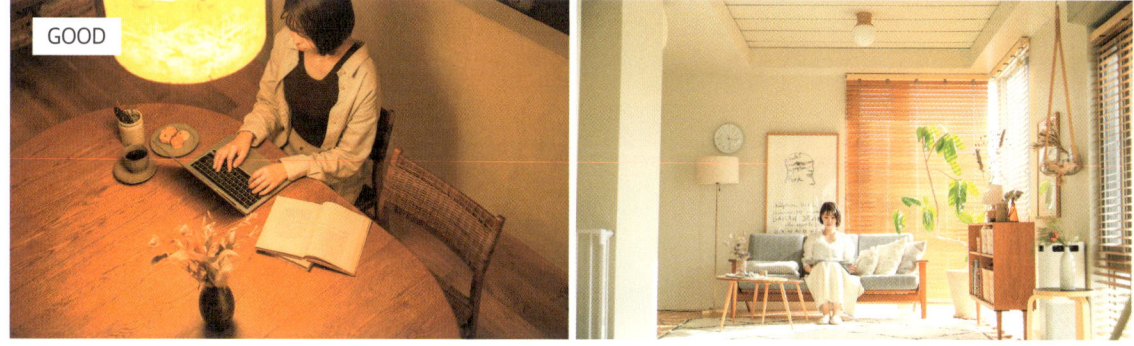

다이닝에는 펜던트 거실에는 실링

식탁 중앙 바로 위에 조명을 배치하는 경우에는 머리를 부딪칠 염려가 없으므로 낮은 위치에 펜던트 라이트를 설치할 수 있습니다. 낮은 위치에 조명을 배치하면 식사 시에는 물론이고 공부나 일을 할 때도 주변을 밝게 비춰줍니다.

펜던트 라이트 고정에 편리한 간이 후크

펜던트 라이트를 식탁 중앙에 맞춰 설치하고 싶어도 방 배치나 구조상의 문제로 원하는 위치에 정확히 맞추지 못하는 경우가 있습니다. 그럴 때는 시판하는 천장용 후크를 사용해 보세요.
천장에 설치용 피스를 고정하고 후크를 박아 넣기만 하면 됩니다. 제조업체에 따라 내하중이 다를 수 있으므로 사용하는 조명의 무게에 맞춰 선택하세요.

코드 릴로 조명의 높이를 자유자재로 조절

다이닝룸의 메인 조명은 식탁 중앙에 설치하는 것이 좋습니다. 펜던트 라이트 하나만 설치하는 경우에는 테이블 가로 폭의 1/3 크기 제품을 선택하면 밸런스가 좋습니다.

설치 높이는 테이블에서 위로 60~80cm 위치가 기준. 2개 혹은 3개의 조명이라면 테이블 가로 폭의 2/3 정도에 모두 들어가도록 사이즈를 선택하세요. 이 경우 높이는 50~70cm를 기준으로 합니다.

코드 길이는 구매 시 적절한 길이로 잘라 달라고 하세요. 추후 조정하고 싶을 때는 코드 릴을 사용하면 편리합니다.

동영상으로 해설!

PART 03

가구 선택의
이론

토대가 될 공간이 정리되었다면 다음은 가구를 맞출 차례입니다.
단품으로 마음에 드는 가구를 따로따로 사기 쉬운데
멋진 공간을 위해 중요한 것은 전체적인 조화입니다.
적절한 사이즈 선택도 아늑함과 직결되는 요인이지요.
공간에 잘 어울리는 가구를 선택할 수 있는 기본 이론을 설명했습니다.

THEORY
010

톤을 맞춰
가구를 고른다

톤과 컬러를 맞춰 차분한 공간을 만든다

〈면적이 넓은 인테리어 요소는 톤과 컬러를 맞춘다(35쪽)〉에서도 설명했듯이 가구와 커튼, 러그 매트 등의 아이템을 구입할 때는 '톤의 통일'과 '색 조합'을 고려하는 것이 중요합니다. 이를테면 거실의 경우, 소파나 테이블 같은 큰 가구를 먼저 고릅니다. 그리고 작은 가구를 추가할 때는 큰 가구의 톤과 색감에 맞춰 고릅니다.

만약 모든 가구를 일괄 구매한다면, 목제 가구는 최대한 같은 색감으로 맞추는 것이 이상적입니다. 북유럽풍의 밝은 분위기를 만들고 싶을 때는 내추럴 컬러로, 차분한 빈티지풍이 끌릴 때는 브라운 컬러로 통일해 원하는 스타일을 쉽게 만들 수 있습니다.

하지만 원래 가지고 있던 가구에 더해 추가 구매를 할 경우에는 똑같은 나무의 색감을 가진 가구를 선택하기가 의외로 어렵습니다. 그럴 때는 색감이 아니라 톤을 통일시켜보세요. 밝기가 크게 다르지 않다면 공간의 분위기가 그다지 흐트러지지 않습니다.

동영상으로 해설!

일괄 구매하는 경우

가구를 전혀 갖추지 않았다면 모든 가구의 색깔을 통일할 기회

첫 독립을 하거나 이사하는 시기에 가구를 일괄 구매한다면 가능한 한 모든 가구의 색을 통일하세요. 내추럴이면 내추럴, 브라운이면 브라운으로 컬러를 통일하면 전체적으로 정돈된 느낌을 줍니다.
가구의 색을 통일하면 공간을 장식하는 그림이나 조명 등의 인테리어와 쿠션이나 소품 등의 포인트 아이템으로 재미있는 요소를 넣을 수 있습니다.

가구는 한 번 사면 오래 쓰는 물건이지만 소파는 커버나 쿠션으로 유행을 즐길 수 있고, 다이닝룸에서는 식탁 위에 놓는 식물이나 식기 등으로 계절을 연출할 수 있습니다. 그러므로 토대가 되는 가구는 베이직한 컬러로 맞추는 것이 좋습니다.

기존 가구에 맞추는 경우

기존 가구에 맞출 때는 톤을 맞추거나 무채색으로 선택

이사 때나 가구 배치를 바꿀 때는 이미 가지고 있는 가구를 활용하는 경우가 많을 겁니다. 이를테면 식탁은 그대로 쓰면서 수납 가구를 새로 사는 경우가 있지요.

그럴 때는 완전히 똑같은 색으로 구비하지 않아도 괜찮습니다. 내추럴과 브라운 등 다른 컬러가 섞여 있어도 잘 어울리는 비결이 있습니다. 그것이 바로 톤입니다. 내추럴 빈티지 스타일의 경우 어두운 톤으로 통일하면(36쪽 참조) 컬러가 달라도 예쁘게 조화를 이루게 됩니다.

톤을 맞추는 방법 이외에 '무채색 가구를 고르는' 방법도 있습니다(37쪽 참조). 무채색은 다른 색에 별로 영향을 미치지 않아 내추럴 컬러 테이블에 화이트 수납장을 맞추면 잘 어우러집니다.

심플한 소파에
소품으로 포인트를 더한다

핵심은 심플하고 보편적인 소파를 고르는 것

소파는 사이즈가 큰 가구이면서 동시에 많은 시간을 보내므로 거실에서 가장 존재감이 큰 가구입니다. 그런 만큼 소파를 선택할 때는 거주하는 가족 수와 라이프 스타일에 맞춰 신중하게 검토해야 합니다.

'집안의 주인공이니까 화려하고 멋진 디자인이면 좋겠다!'라고 생각할 수 있습니다. 하지만 소파 가격이 결코 싼 게 아니잖아요. 오랫동안 쓰고 싶다면 심플한 디자인을 추천합니다.

유행하는 제품은 특징적인 디자인이 많아 그만큼 빨리 싫증 나기 십상입니다. 그리고 유행이 지나면 매력이 떨어져 쓰기 싫어지는 경우도 있습니다. 질 좋은 소파는 한번 구입하면 10~20년을 쓸 수 있습니다. 그동안 유행은 반드시 바뀌게 마련이지요. 소파를 질리지 않고 오래 사용하려면 심플하고 보편적인 제품을 고르는 것이 핵심입니다.

디자인이 심플하면 다소 아쉬운 느낌이 들기는 합니다. 그럴 때는 쿠션이나 담요 등의 아이템으로 유행하는 포인트나 개성을 연출해 보세요.

동영상으로 해설!

쿠션은 세 개를 놓는다

비대칭적 배치로 만드는 휴식 공간

쿠션은 코디네이션의 포인트 역할을 하므로 근사한 집을 만드는 데 없어서는 안 될 아이템입니다.

소파 주변을 예쁘게 코디하려면 쿠션의 수와 배치 방법이 중요합니다. 우선 쿠션의 수는 편안함을 연출할 수 있도록 3개를 준비하는 것이 정석.

유럽에서는 예로부터 균형 잡힌 대칭적 구조를 아름답다고 여겨서 격식 높은 건축물이나 인테리어는 반드시 좌우 대칭으로 지었습니다. 하지만 옛날부터 일본인은 좌우 비대칭인 상태에서 절묘한 밸런스를 이루는 것에서 아름다움을 찾았고 그것을 멋스럽다고 평가해왔습니다.

그런 의미에서도 쿠션을 비대칭적으로 두면 자연스럽게 편안함을 느끼게 됩니다.

애써 만든 휴식 공간이니만큼 비대칭을 한 번 활용해보세요.

2개(대칭)는 정돈된 느낌

쿠션이 하나뿐이면 외로운 느낌이 들지만 좌우로 하나씩 놓으면 분위기가 밝아집니다. 좌우 대칭으로 보기 좋게 정리되지만 지나치게 정돈된 느낌을 주어 긴장감이 생깁니다.

3개(비대칭)는 세련된 느낌

왼쪽 쿠션 옆에 세 번째 쿠션을 하나 더 배치했습니다. 이렇게 하면 변화가 연출돼 긴장감이 풀리고 편안한 공간이 됩니다.

동영상으로 해설!

세 번째 쿠션으로 포인트를

무늬 쿠션
여러 개의 쿠션 중에 무늬 있는 쿠션을 하나 놓아 변화를 연출. 소파 위에 볼거리가 하나 생기기 때문에 단조로운 코디가 한 단계 업그레이드됩니다.

미니 사이즈 쿠션
쿠션 하나를 작은 사이즈로 바꾸면 '예외'가 생겨 비대칭적 느낌이 더욱 강해집니다.

심플

심플

포인트

3종 쿠션의 밸런스가 포인트
세 번째 쿠션 커버는 나머지 2개와는 다른 소재나 색을 사용해 보세요. 무늬가 있거나 두꺼운 소재, 털실로 짠 제품을 두기만 해도 집안 분위기가 바뀝니다. 계절감을 연출할 수 있고 쉽게 인테리어에 변화를 줄 수 있습니다.

쿠션의 크기와 용도

쿠션은 장식뿐만 아니라 기능적인 역할도 합니다. 사이즈에 따라 사용법과 사용감이 달라지므로, 집에서 어떻게 시간을 보내는지 생각해보고 필요에 따라 인테리어에 접목시켜보세요. 물론 섞어서 사용하는 것도 추천합니다.

45 × 45cm
작은 소파나 침대에도 쓰기 좋은 일반적인 사이즈. 독서할 때는 팔꿈치 받침대로, TV를 볼 때 끌어안아 몸을 받치면 몸의 부담을 줄일 수 있습니다. 베개와 세트로 만들어도 거추장스럽지 않은 사이즈라 침대 위에 놓아 등받이로 사용하는 것도 추천합니다.

30 × 55cm
좁은 장소에서도 쓰기 좋으며, 거추장스럽지 않고 쓰기 편한 것이 특징. 허리에 딱 맞는 사이즈로, 책상에서 작업 시 허리 받침대 역할을 합니다. 소파의 등받이가 낮은 경우에는 간이 목 받침대로도 사용. 낮잠 잘 때 베개로도 충분히 쓸 수 있습니다.

60 × 60cm
목과 어깨까지 탄탄하게 받쳐주는 크기라서 소파에 앉아 선잠을 잘 때 사용해도 몸이 뻐근하지 않습니다. 컴퓨터 작업 시 무릎 위에 쿠션을 올려놓으면 작업대로도 쓸 수 있습니다. 양 옆으로 팔을 놓을 수 있는 공간이 확보되어 안정감이 뛰어납니다. 여러 개를 놓아 쿠션에 파묻히게 만들면 안기는 듯한 편안함과 안정감을 얻을 수 있습니다.

블랭킷으로 포인트를 주어 소파를 꾸민다

실용적인 블랭킷으로 소파에 장식과 쾌적함을

심플한 느낌의 소파에 포인트를 더하고 싶을 때 쓰는 방법 중 하나가 '소파에 블랭킷을 한 장 놓는 것'입니다. 인테리어의 느낌을 바꿀 수 있고 실용품으로서도 한몫하는 블랭킷을 활용하면 실로 일석이조의 효과를 누릴 수 있습니다.

블랭킷이란 대형 천을 말합니다. 블랭킷 한 장을 소파에 걸치기만 해도 소파를 꾸밀 수 있어 집안 전체가 화사해집니다. 색상과 무늬, 소재 등을 다양하게 바꿀 수 있고 얇은 것부터 두꺼운 것까지 종류도 많습니다. 트렌드나 계절에 따라 바꿔가며 인테리어의 변화를 즐겨보세요.

소파에 블랭킷을 두는 또 하나의 장점은 '실제로 사용할 수 있다'는 것입니다.

심플한 소파와 조합

블랭킷은 소파에 살며시 걸어 두어도 좋고 접어서 쿠션과 같이 놓아도 됩니다. 소파용뿐만 아니라 침대 담요(bed throw)로도 사용할 수 있으므로 몇 개 가지고 있어도 유용한 아이템입니다.

소파에서 잠깐 졸기

소파에 앉아 텔레비전을 보거나 책을 읽으면 자기도 모르게 기분이 좋아져 꾸벅꾸벅 졸게 되지요. 하지만 소파에서 선잠을 자다가는 감기에 걸리기 쉽습니다. 그럴 때 블랭킷이 있으면 얼른 펴서 사용할 수 있으니 편리하지요.

column

오래 쓸 수 있는 질 좋은 소파를 고르자

거실의 중심 존재인 소파는 머무는 시간이 길어 삶의 질을 크게 좌우하는 가구입니다. 소파의 디자인도 전체 인테리어에 큰 영향을 미칩니다. 저렴한 소파는 금방 망가지는 경우가 있으므로 질 좋은 소파를 선택하기 바랍니다.

몸에 맞는 단단한 소파를

소파는 앉았을 때 몸 전체를 감싸는 부드러운 것과 견고하고 단단한 것 등 다양한 종류가 있습니다. 라이프 스타일과 몸 상태 등을 고려하여 전문가와 상담하고 오래 애용할 수 있는 것으로 구입하세요.

커버를 바꿀 수 있는 소파를

소파는 커버와 본체가 일체화된 '고정형'과 커버를 벗길 수 있는 '커버링형'이 있습니다. 청결하게 오래 사용할 수 있고 나중에 겉모습을 새롭게 바꿀 수 있으므로 커버링을 추천합니다.

목재 부분이 무겁고 휘지 않는 소파를

프레임으로 사용하는 목재의 질은 소파의 질과 그대로 직결됩니다. 값싼 목재를 사용하거나 가는 목재를 쓴 제품은 쓰다가 휘거나 부러지기도 합니다. 나무 부분이 단단하고 휘지 않는 것을 고르세요.

쉽게 꺼지지 않는 소파를

저렴한 소파는 우레탄이 쉽게 내려앉아서 금방 쓸모없게 될 수도 있습니다. 밀도가 높은 우레탄을 사용하거나 깃털을 사용하는 등 오래 써도 쉽게 꺼지지 않는 질 좋은 소재를 사용한 제품을 선택하세요.

세련된 의자 선택의 비결은
믹스 스타일

각기 다른 '식탁 의자'로 인테리어 전문가 같은 공간 만들기

식탁 의자를 스타일링 할 때는 모두 같은 의자로 맞추는 '통일 스타일링'과 다른 의자를 섞는 '믹스 스타일링'이 기본. 지금까지는 같은 디자인의 식탁과 의자를 맞춘 '통일 스타일링'이 일반적이었습니다.

　세트로 구비하면 정돈된 느낌을 주고 비용도 저렴하지요. 하지만 인테리어로서는 다소 심심한 느낌이 들 수도 있습니다. 그래서 추천하는 것이 '억지로 맞추지 않는' 믹스 스타일링입니다.

　장점은 인테리어 전문가 같은 세련된 느낌의 다이닝 공간을 연출할 수 있다는 것. 또 앉았을 때 느낌이 서로 다른 의자를 사용하면 커피를 마실 때는 좌면이 부드러운 암체어를, 업무나 공부를 할 때는 좌면이 단단하고 등받이도 딱딱한 의자를 쓰는 등 용도에 따라 구분해 사용할 수 있습니다.

　서로 다른 의자를 조합하면 제각각 따로 노는 느낌이 들 위험성이 있지만 요령만 파악하면 문제없습니다. 통일감 있는 공간으로 만들기 위한 의자 선택의 포인트를 알려드리겠습니다

동영상으로 해설!

동영상으로 해설!

두 개씩 통일한다

두 종류의 의자로
반복 효과를 노린다

식탁에 4개의 의자를 세팅할 때 '같은 디자인의 의자 2개 × 2종류'로 하는 방식입니다. 같은 의자가 두 개씩 있으면 반복 효과(repetition)를 얻을 수 있으며(141쪽 참조) 의자를 1개씩 조합한 경우에 비해 정돈된 느낌을 줍니다.

같은 시리즈 혹은 같은 디자이너의 의자 중에서 팔걸이가 있는 것과 없는 것을 믹스하거나 의자와 벤치를 조합하는 등 하나의 공통점을 갖추면 통일감 있는 믹스 스타일링을 실현할 수 있습니다.

형태를 통일한다

시각적인 편차를 줄이고
색이나 소재를 즐기다

사람은 사물의 형태를 통해 이미지를 느낍니다. 예컨대 의자의 라인이 곡선이면 '부드러운' 느낌을, 직선이면 '날카롭고 팽팽한' 느낌을 받지요. 그런 까닭에 형태가 전혀 다른 의자가 늘어서 있으면 각각의 형태에서 받는 인상이 달라 들쭉날쭉한 느낌을 받게 됩니다.

다시 말해, 의자의 형태를 통일하면 조화로운 분위기를 만들 수 있다는 것이죠. '형태'라는 공통점을 갖추었다면 색이나 소재가 다른 것을 사용해 변화를 주는 것도 인테리어를 즐기는 하나의 방법입니다.

색을 통일한다

같은 색을 반복해
반복 효과를 노린다

컬러 밸런스를 고려할 때 일부러 색을 통일하지 않고 포인트 컬러를 즐기는 방법이 있는데, 한 곳에만 컬러가 다른 의자를 놓으면 주변과 조화를 이루지 못해 돌출된 느낌을 주기도 합니다. 그것을 해결하는 방법이 같은 색을 반복해 쓰는 것입니다.

예컨대 식탁이 내추럴 컬러라면 의자 2개 × 2종류도 모두 내추럴 컬러로 통일합니다. 컬러를 통일함으로써 전체적으로 통일감이 생기고 따로 노는 느낌을 막을 수 있습니다.

소재를 통일한다

나무의 재질을 통일하고 형태가 다른 의자를 선택

내추럴 빈티지 스타일을 연출하기 위해서는 천연소재인 나무로 만든 의자를 추천합니다. 나무에도 다양한 종류가 있습니다. 단단하고 중후하며 휘어짐이 덜하고 내수성과 내구성이 높은 오크, 물과 습기에 강하고 단단하며 튼튼한 티크, 하얗고 질감이 부드러운 너도밤나무, 초콜릿색으로 고급스러운 느낌의 월넛 등.
같은 수종의 의자끼리 맞추면 통일감이 생깁니다. 같은 수종의 형태가 다른 의자끼리 조합하면 공간에 잘 어우러지게 됩니다.

포인트를 줄이고 '억지로 통일하지 않는' 스타일을 즐기자

내추럴 빈티지 스타일의 관점에서 +α의 테크닉을 소개해드리겠습니다.
내추럴 빈티지 스타일로 각기 다른 의자를 연출할 때는 '소재'와 '질감'에 주목합니다. 내추럴 빈티지 스타일에서는 소재의 질감을 즐길 수 있는 아이템을 '악센트'로 사용하도록 추천합니다. '악센트'란 인테리어의 포인트를 말하는 것으로, 코디의 균형을 잡아주고 밋밋함을 덜어주는 역할을 합니다.
'악센트 컬러'라고도 불리는 포인트 컬러를 넣는 방법이 일반적이지만 내추럴 빈티지 스타일에서는 소재감으로 악센트를 줘 공간을 꾸밉니다.
식탁 의자를 선택할 때도 이 방법을 적용하면 따뜻한 느낌의 정돈된 다이닝룸을 만들 수 있습니다. 의자를 제각각 들여놓는다면 목재, 라탄, 등나무 등의 '천연소재'로 만든 것을 고르고 '컬러'를 통일하는 것이 중요합니다. 이 두 가지 포인트를 지켜 전체 톤을 통일하면 의자의 '형태'는 제각각이어도 자연스럽게 어우러집니다.

최적의 테이블 사이즈를
파악한다

다이닝룸 주변에서의 기본 동작과 생활동선을 이해한다

식탁을 구입할 때 다이닝룸 주변에서의 기본 동작과 생활 동선을 알아두는 것이 필요합니다. 다이닝룸은 식사를 하기 위해 매일 사용하는 공간으로, 식탁 주변의 동선은 쾌적한 생활을 위해 매우 중요합니다. 필요한 공간을 이해하면 최적의 식탁과 의자를 고를 수 있습니다.

다이닝룸에서 하는 기본 동작은 '의자 꺼내기', '앉기', '식사 나르기' 등 3가지. 이 동작을 하기 위해서 의자를 꺼낼 때 뒤쪽으로 약 60cm, 의자에 앉았을 때 뒤쪽으로 최소한 50cm 이상, 식사를 나를 때 약 60cm의 공간이 필요합니다.

즉 다이닝룸의 너비가 300cm인 경우, 300cm - 180cm = 120cm가 되어 안길이 120cm정도의 식탁을 놓을 수 있다는 계산이 나옵니다.

예상했던 것보다 작은 테이블을 놓을 수 밖에 없는 상황이라면 테이블 크기를 우선하는 것도 하나의 방법입니다. 동선이 조금 좁아지겠지만 사람이 앉아있을 때 뒤를 지나다니지 않는다면 크게 불편하지 않습니다. 테이블 아래로 넣어 수납할 수 있는 이자를 고르면 평상시 동선으로도 문제없이 사용할 수 있습니다.

동영상으로 해설!

동영상으로 해설!

필요한 공간에 따라 식탁을 선택한다

식사를 할 수 있는 최소 사이즈는 1인당 60cm × 40cm

다이닝 공간에서의 생활동선 사이즈를 계산했으니 인원수에 맞는 식탁의 크기를 계산해보겠습니다. 식탁을 선택할 때 핵심은 식사에 필요한 너비와 안길이입니다.

식사에 필요한 최소한의 공간은 1인당 너비 60cm × 안길이 40cm입니다.

예컨대 두 사람이 마주 앉는 식탁이라면 너비 60cm × 안길이 80cm 이상, 4명일 경우 너비 120cm × 안길이 80cm의 공간이 있으면 불편함 없이 사용할 수 있다는 계산이 나옵니다.

다이닝 공간을 콤팩트하게 사용하고 싶거나 성인 2명에 어린이 2명인 경우에는 너비 120cm, 공간에 여유가 있고 성인 4명에 좀 더 여유 있게 지내고 싶으면 너비 140cm 이상을 추천합니다.

식사에 필요한 사이즈는 60cm × 40cm

평상시 식탁을 사용하기 위해 최소한 확보해야 하는 사이즈는 1인당 너비 60cm × 안길이 40cm입니다. 이 사이즈라면 주식, 국, 반찬, 음료 등 기본적인 식기를 놓을 수 있습니다. 식사 이외에도 노트북을 열거나 책과 노트를 펴서 공부하기에도 무리가 없습니다.

4명이면 최소한 120cm × 80cm가 필요

너비 120cm × 안길이 80cm인 경우, 4명이 테이블에 앉으면 옆 사람의 어깨와의 거리는 15~20cm. 4인분의 식사공간을 확보할 수 있지만 미니멈 사이즈라고 할 수 있습니다.
다이닝룸이 작거나 식탁이 좁아도 상관 없다는 사람에게 적합합니다. 이 사이즈의 테이블에 맞출 의자로는 팔걸이가 없는 타입이나 벤치를 추천.

약간 넉넉한 사이즈를 추천

여유 있는 이상적인 사이즈는 1인당 70cm × 50cm

공간에 여유가 있어서 좀 더 편하게 사용하고 싶은 경우에는 1인당 너비 70cm × 안길이 50cm로 계산하세요. 성인 4명이 사용할 경우는 너비 140cm × 안길이 100cm가 됩니다.

테이블이 그보다 넓으면 옆 사람과의 거리가 넓어져 팔걸이가 있는 의자를 골라도 여유가 있습니다. 상판의 넓이에도 여유가 생겨 중앙에 냄비를 놓거나 꽃을 장식할 수 있으므로 식사를 즐기는 방법이 다양해집니다.

손님이 왔을 때만 넓은 테이블이 필요한 경우에는 확장형 테이블이 편리합니다. 일반 사이즈 중에 맞는 사이즈가 없다면 주문을 하는 것도 방법입니다.

여유가 있는 사이즈는 70cm × 50cm

옆 사람과의 사이에 공간의 여유가 생기는 이상적인 사이즈는 1인당 70cm × 50cm. 다이닝룸의 공간이 허락한다면 조금 큰 사이즈로 골라보세요. 꽃을 장식하거나 조명을 둘 수도 있어서 다이닝의 즐거움도 커집니다.

4명이어도 넉넉한 140cm × 100cm 이상

1인당 70cm × 50cm의 법칙을 바탕으로 식탁을 선택할 경우, 4인이라면 140cm × 100cm가 이상적인 사이즈. 식사뿐 아니라 공부를 하거나 여럿이서 느긋하게 술을 마시는 등 다이닝룸에서 보내는 시간이 긴 라이프 스타일이라면 여유 있게 넉넉한 사이즈를 추천합니다.

테이블 상판과 의자 좌면 사이 간격은 26~30cm

테이블 상판과 의자 좌면 사이의 적정 거리를 알아두면 편리하다

식탁 의자는 식사나 티타임, 업무나 공부 등으로 하루에도 여러 차례 쓰는 가구. 식탁 의자의 편의성 여하에 따라 다이닝룸의 편안함이 좌우된다고 할 수 있습니다. 그런 만큼 교체하거나 새로 구입할 때 신중하게 골라야 합니다. 식탁 의자를 고를 때 알아두어야 할 포인트에 대해 설명하겠습니다.

식탁 의자를 고를 때 생기기 쉬운 문제가 '테이블과 높이가 맞지 않는다'는 것. 의자와 테이블의 높이가 맞지 않으면 앉을 때마다 불편해 스트레스가 됩니다.

식탁 의자를 고를 때는 '테이블 상판과 의자 좌면 사이의 간격'을 확인하는 것이 중요합니다. 이때 '테이블의 상판'과 '의자의 좌면' 사이의 수직 거리가 26~30cm 범위 내에 있는 것을 추천합니다.

이 거리가 중요한 이유는 다이닝룸의 편안함, 테이블과 의자 사용의 편리함에 큰 영향을 미치기 때문입니다. 적정한 간격을 유지하도록 테이블과 의자의 짝을 맞추면 식사나 작업이 편리해지고 보다 편안한 공간을 만들 수 있습니다.

테이블과 의자 좌면의 간격에 따른 느낌

좌면과 상판 간의 간격이 너무 넓다

의자의 좌면과 식탁 상판 사이의 간격이 너무 넓으면 '테이블이 너무 높은' 상태. 식사 중에 팔을 올린 자세가 지속되어 피로감을 느끼게 됩니다. 압박감도 있어 식후에 앉아있기에도 불편합니다.

좌면과 상판 간의 간격이 너무 좁다

의자의 좌면과 식탁 상판 사이의 간격이 너무 좁으면 '테이블이 너무 낮은' 상태가 되어 다리 쪽이 비좁아집니다. 식사할 때는 입과 테이블 간의 거리가 멀어져 자기도 모르게 앞으로 구부리게 되어 자세도 나빠집니다.

좌면과 상판 간의 간격이 적절하다

식사나 공부 등을 할 때 바른 자세를 유지할 수 있는 거리입니다. 좌면과 상판 사이의 간격이 적정한 경우, 다리 쪽이 비좁지 않고 테이블 위의 압박감도 없습니다. 식사도 작업도 편해집니다.

좌면과 상판 사이의 거리를 26cm 띄워 압박감 없이 릴랙스

의자 좌면과 식탁 상판 사이의 수직 거리는 26~30cm가 적절하며 표준 수치는 30cm입니다. 예컨대 상판의 높이가 70cm인 경우, 70cm에서 26cm를 빼면 44cm가 되므로 의자의 좌면 높이는 40~44cm가 됩니다. 특별히 원하는 스타일이 없다면 28~30cm 범위 내에서 고르면 됩니다.

좌면과 상판 사이의 간격이 26cm인 경우, 적정 높이의 범위 안에 있으면서 테이블이 약간 나지막하여 압박감을 느끼지 않습니다.

식사 후 술을 마시며 식탁에 오래 머무는 라이프 스타일을 가졌다면 26cm를 기준으로 테이블과 의자를 골라 편안한 다이닝룸을 만들어 보세요.

키 차이 있음

의자 다리 컷팅으로 키 차이 없음

키 차이가 있을 때는 좌면 높이를 체크

키가 큰 사람과 키가 작은 사람은 앉은키가 서로 다릅니다. 테이블 상판과 의자 좌면 사이의 적정 거리 26~30cm를 기준으로 하여 좌면 높이가 다른 의자를 선택하기 바랍니다. 실제 인테리어 숍에 가서 앉아 보고 자신이 편안하게 느껴지는 것을 구입하세요.

숍에 따라 다리 컷팅 서비스도 해주므로 키가 큰 사람은 의자의 다리를 잘라 높이를 맞추는 방법도 있습니다.

테이블 다리 간격과 의자 너비도 체크

'테이블과 의자의 높이가 맞지 않는다'는 문제와 함께 흔히 겪는 실패담이 '테이블의 다리 사이로 의자가 들어가지 않는다'는 것. 테이블 밑에 의자를 넣기 위해서는 테이블의 다리 사이가 의자 너비보다 넓어야 합니다.

의자가 들어가지 않으면 테이블 밖으로 의자가 튀어나와 동선에 방해가 되므로 설치 공간을 넓게 잡아야 합니다. 구매 시 높이뿐만 아니라 반드시 테이블의 다리 사이 간격과 의자의 너비를 체크하고, 테이블 밑에 의자가 들어가는지 확인해보세요.

식탁 사이즈별로 필요한 최소한의 다리 사이 간격은 2인용의 경우 '의자의 두 다리 분 너비 + 10cm(넣고 빼기 위한 여유)', 4인용의 경우 '의자의 두 다리 분 너비 + 15cm'. 참고로 일반적인 4인용 다이닝 세트의 경우 '식탁의 다리와 다리 사이 - 두 다리 분의 의자 너비'는 20~30cm입니다.

또한 '테이퍼 발'처럼 가구 다리의 폭이 점점 가늘어지는 디자인의 의자는 상판 쪽과 바닥 쪽의 다리 사이 너비가 다르므로 주의가 필요합니다. 반드시 상판 쪽과 바닥 쪽을 모두 측정하세요.

또 하나 측정해야 하는 것이 의자의 팔걸이 높이. 팔걸이 부분이 테이블 아래로 들어가는 높이인지 확인해야 합니다. 상판 아래에 '막판'이라는 보강판이나 서랍이 붙어 있는 경우에는 팔걸이가 없는 타입의 의자를 맞추면 안심입니다.

수납의 법칙은
보여주기 2 VS 숨기기 8

노이즈 아이템을 제거해 일상의 스트레스 해소

일상생활을 하는 집 안에는 다양한 물건이 있습니다. 나름 취사선택해 사용하는데도, 어느 날 문득 정신을 차리고 보면 집 안은 물건들로 넘쳐나고 예쁘게 만든 공간이 엉망이 되기도 합니다. 그래서 알고 있어야 하는 것이 수납의 '보여주기 2 대 숨기기 8의 법칙'. 인테리어를 아름답게 유지하기 위한 '수납의 기본'을 알아두세요.

집에 있는 아이템에는 '보여주고 싶은 것'과 '보여주고 싶지 않은 것'이 있습니다. 보여주고 싶은 것은 꽃병과 그림, 오브제, 좋아하는 책 등 예쁜 인테리어 잡화류. 보여주고 싶지 않은 것은 인테리어에 어울리지 않는 책이나 많은 옷, 가방, 손톱깎이와 약 등의 소품, 서류와 우편물 같은 다수의 생활용품.

어느 집이든 예쁜 인테리어 제품은 전체의 20% 정도이고 예쁘지 않은 물건이 80%라고 하는데, 이 비율을 '파레토의 법칙'이라고 부릅니다. 아름다운 인테리어를 추구한다면 '예쁜 것은 보여주고 불협화음이 되는 예쁘지 않은 것은 숨기는 것'이 중요합니다. 예쁜 것들로만 채워진 공간을 만들면 아름다운 인테리어가 완성됩니다.

보여주는 수납과 숨기는 수납을 구분한다

예쁜 수납 가구를 이용한다

우리 주변에는 예쁘지는 않지만 꼭 필요한 물건이 많습니다. 그런 것들은 '숨기는 수납'을 하세요. 숨기는 수납공간의 대표는 옷장인데, 충분한 사이즈의 옷장을 확보하지 못하는 경우에는 캐비닛 같은 가구로 감추는 수납공간을 늘리면 됩니다. 문 달린 수납 가구를 이용하면 인테리어의 조화를 깨는 잡다한 물건을 감출 수 있습니다. 가구 자체가 예쁘다면 인테리어의 포인트가 되기도 합니다.

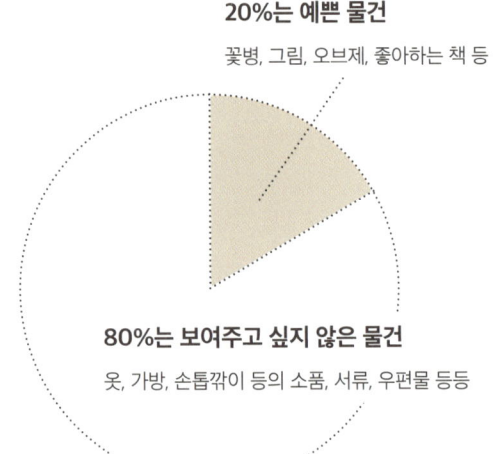

20%는 예쁜 물건
꽃병, 그림, 오브제, 좋아하는 책 등

80%는 보여주고 싶지 않은 물건
옷, 가방, 손톱깎이 등의 소품, 서류, 우편물 등등

보여주는 수납
선반만 있는 선반장은 디스플레이 용도로 예쁜 소품을 장식하기에 적합합니다.

가구를 이용한 숨기는 수납
캐비닛 등 문이 있는 수납공간은 보여주고 싶지 않은 물건을 수납하는데 적합합니다.

숨기는 수납의 기본은 옷장
넓은 옷장이 있다면 보여주고 싶지 않은 물건을 그곳에 수납하는 것이 기본. 옷장이 부족한 경우, 가구로 보충합니다.

바구니를 이용한 사각(死角) 수납

휴지함과 가방 등으로 어질러진 식탁. 애써 장식한 꽃도 예뻐 보이지 않고 분위기가 엉망이 됩니다.

오픈 선반에 바구니를 놓고 그 안에 어질러지기 쉬운 물건들을 담으면 선반 상판이 사각을 만들어 반오픈 상태 수납공간 완성. 가방은 사각 장소에 S자 후크로 걸어두면 좋습니다. 문이 달린 수납 공간이라면 선반 위에 바구니를 놓고 물건을 그 안에 넣어도 OK. 바구니에 뚜껑이 없는 경우, 천을 덮어두면 내용물을 숨길 수 있습니다.

외출에서 돌아와 가방과 우편물 등을 정해진 사각 수납 공간에 정리하면 식탁을 항상 깨끗한 상태로 유지할 수 있습니다.

사각 수납으로 일상의 정리 스트레스를 줄인다!

'사각 수납'이란 바구니 등으로 사각(死角) 장소를 만들어 수납하는 테크닉. 수납공간에는 문이 없는 '보여주는 수납 공간'과 문이 달린 '숨기는 수납 공간'이 있습니다. 사각 수납이란 그 중간 형태로, 반오픈 상태를 유지하면서도 어수선하지 않은 수납 방법입니다.

예컨대 식탁은 넓은 면적을 차지하는 데다 매일 쓰는 장소. 자기도 모르게 생활용품이나 우편물 등을 임시로 방치하기 쉬운 곳이라 정신을 차리고 보면 어느새 물건으로 가득 차 있게 됩니다. 임시 보관을 위해서라면 사각 수납이 안성맞춤.

방법은 간단해서 바구니만 잘 활용하면 됩니다. 사각 수납은 넣고 빼기가 쉬워 손쉽게 정리할 수 있다는 것이 큰 장점.

물건을 수납할 장소가 정해져 있으므로 물건을 찾아 헤맬 필요도 없고 가족끼리 수납 장소를 공유하면 자연스럽게 함께 정리정돈을 할 수 있게 됩니다. 별 것 아닌 것 같지만 효과는 절대적. 정리정돈의 스트레스를 크게 줄일 수 있습니다.

'사각'이라는 개념을 잘 활용하면 숨기기 어려운 wifi 라우터를 그림 액자 뒤에 숨기거나 책장 뒤에 멀티탭을 숨기는 등 눈에 거슬리는 아이템을 커버할 수 있습니다. 사각 수납의 개념을 응용하여 여러 장소에 사용해 보세요.

THEORY
016

침대는 여유있게
한 치수 큰 사이즈를

양질의 쾌적한 수면을 위해 최적의 침대 사이즈를 선택

매일 양질의 수면을 취하는 것은 우리의 건강에 큰 영향을 줍니다. 침대를 구입할 때는 침대 매트나 이불의 재질뿐 아니라 사이즈 선택도 중요한 요소. '혼자 잔다면 싱글, 두 사람이면 더블 아닌가?'라고 생각할 수 있습니다. 하지만 그 생각으로 사이즈를 고르면 생각보다 비좁다고 느끼는 사람이 많습니다. 그러므로 침실 공간에 여유가 있다면 한 치수 큰 사이즈를 고르기 바랍니다. 최적의 침대를 선택해 숙면할 수 있는 환경을 만들어 보세요.

   다음으로 침구 커버를 선택합니다. 침구에는 침대 시트, 베개 커버, 이불 커버가 필요합니다. 이 커버들의 색을 하나로 맞추면 통일되고 깔끔한 느낌을 줍니다. 침대는 침실 안에서 존재감이 매우 큽니다. 침구 자체는 물론이고 커버를 고를 때도 좀 더 신중을 기하세요. 베개를 넉넉히 여러 개 두거나 쿠션을 조합하면 고급 호텔 같은 분위기를 연출할 수 있습니다.

동영상으로 해설!

일반적인 침대 사이즈

성인에게는 싱글보다 세미 더블 이상을 추천

일반적으로 사람이 누워 잘 때의 어깨너비는 남성이 약 60cm, 여성이 약 50cm라고 합니다. 그리고 수면 중에 몸을 뒤척이려면 좌우로 각각 약 20cm의 공간이 필요합니다.

즉 남성에게 필요한 침대 너비는 적어도 100cm, 여성은 90cm인데 이것은 정확히 싱글의 너비과 같습니다. 만일 침실 공간에 여유가 있다면 남녀 모두 세미 더블을 선택해 보다 쾌적하게 주무시기 바랍니다.

두 사람이 자는 경우라면 와이드킹 사이즈를 만들어 여유 있고 편안하게 잘 수 있습니다. 싱글 침대 2개를 나란히 붙인 상태이므로 한 사람이 움직여도 다른 한쪽에게 전달되는 진동이 적다는 것이 장점. 매트리스의 틈새가 걱정이라면 매트리스용 틈새 패드를 쓰면 됩니다. 아이가 어릴 때는 와이드킹 사이즈로 만들어 온 가족이 사용하고 아이가 크면 어린이용 싱글 침대로 만들어 독립시킬 수 있습니다. 결과적으로 오랜 기간 사용할 수 있게 됩니다.

싱글의 너비는 100cm, 세미 더블은 120cm, 더블은 140cm으로 명칭이 바뀔 때마다 20cm씩 너비가 넓어집니다.
싱글 사이즈는 남녀 모두 좁게 느껴지므로 방이 작거나 덩치가 작은 사람에게 추천.

싱글 100cm

세미더블 120cm

더블 140cm

퀸 160cm

킹 180cm

와이드킹 200cm

뒤척임을 고려해 한 사이즈 크게

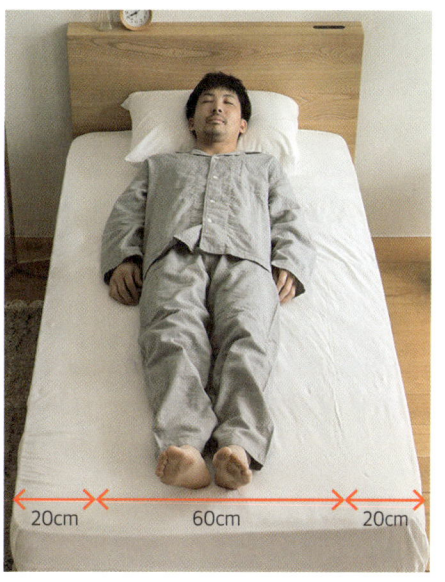

여성이 잘 경우 필요한 최소한의 공간은 좌우 뒤척임 공간 20cm × 2 + 어깨너비 50cm = 총 90cm. 여성은 몸집이 작은 만큼 전체적으로 여유가 있습니다.

남성이 혼자 잘 때 필요한 최소한의 사이즈는 좌우 뒤척임 공간 20cm × 2 + 어깨너비 60cm = 총 100cm. 수치로는 싱글 침대가 딱 맞지만 좌우 20cm씩의 뒤척임 공간이 남성에게는 비좁습니다.

혼자 자는 경우

○ 세미 더블 : 여유가 있다

△ 싱글 : 좁나

뒤척이는 공간으로 30cm를 잡으면 남성은 좌우 뒤척임 공간 30cm × 2 + 어깨 너비 60cm = 총 120cm.
여성은 좌우 뒤척임 공간 30cm × 2 + 어깨 너비 50cm = 총 110cm. 뒤척이는 공간으로 좌우 30cm씩 잡을 수 있는 세미 더블을 선택하면 남녀 모두 좌우로 여유가 생깁니다.

둘이서 잘 경우

○ 와이드킹 : 여유가 있다

△ 더블 : 좁다

남성이 필요한 최소한의 공간은 100cm, 여성은 90cm. 두 사람 사이의 공간 20cm를 공유한다고 생각하면 최소한 170cm의 너비가 필요합니다. 둘이서 잔다면 퀸이나 킹사이즈가 적당합니다.

뒤척이는 공간을 30cm로 잡으면 남성 120cm, 여성 110cm이므로 필요한 너비는 200cm. 이것은 싱글 사이즈 2개를 나란히 놓은 와이드킹 사이즈로 여유롭게 잘 수 있습니다.

column

목제 가구의 종류를 알아보자

느낌 있는 원목재에서 저렴한 프린트까지 용도에 맞게 구분해 사용

목제 가구는 크게 나누어 원목 가구, 베니어 합판 가구, 프린트 합판(자연목과 비슷한 나뭇결을 인쇄한 종이를 발라 수지 가공한 합판 - 옮긴이) 가구가 있습니다. 각각의 차이를 알아두면 가구의 가격과 품질의 차이를 이해할 수 있어 가구 선택이 더 즐거워집니다.

3종류 중에서 가장 가격이 비싼 것은 원목 가구. 다음으로 베니어 합판 가구, 프린트 합판 가구의 순으로 내려갑니다.

품질도 원목재가 가장 높고 프린트 가구가 가장 낮습니다. 각각의 장단점이 있으니 용도에 맞게 고르기 바랍니다.

참고로 각 소재를 조합해 만드는 경우도 있습니다. 예컨대 식탁의 경우, 상판에는 베니어 합판, 다리 등의 토대 부분에는 원목재를 쓰기도 합니다.

상판에 베니어 합판을 쓰면 원목재에서 흔히 생기는 뒤틀림 현상을 피할 수 있습니다. 원목재라면 시간의 경과에 따른 변화를 즐길 수 있다고 기대하지만, 모두 그렇다고는 할 수 없습니다. 세월의 변화를 즐기려면 마감 도장이 포인트. 오일 도장이라면 세월의 변화를 즐길 수 있지만 우레탄 도장일 경우는 시간이 지나도 변화가 생기지 않습니다.

동영상으로 해설!

원목재

원목재란 나무 자체를 말합니다. 숲에서 자란 나무를 자르고 깎아 제재한 원목으로 만든 가구를 원목 가구라고 합니다. 소재가 순수한 나무이므로 중후하고 튼튼합니다. 나무 본연의 강인함을 느낄 수 있어 가구를 좋아하는 사람들에게 사랑받고 있습니다.

한번 구입하면 수십 년 동안 애용할 수 있으니, 원목재는 평생을 쓰는 가구라고 할 수 있습니다. 나무를 그대로 깎은 한 장짜리 판재를 쓴 것도 있지만, 한 장짜리 판재를 만들려면 굵고 큰 통나무가 필요하기 때문에 매우 비쌉니다. 가늘고 긴 판재를 붙여 만든 접합목, 짧은 판재를 붙인 집성재 등도 있습니다.

베니어 합판

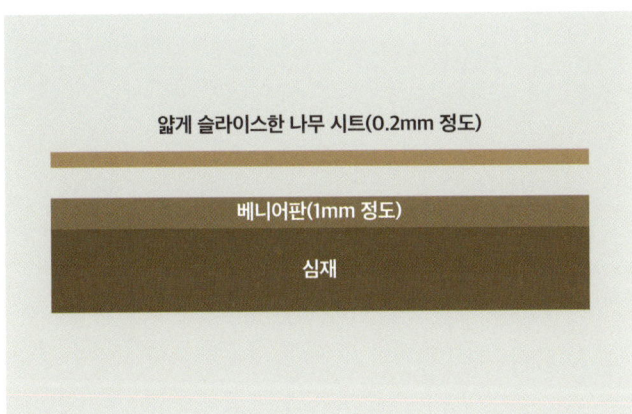

베니어 합판이란 얇게 슬라이스한 나무 시트를 베니어판에 붙인 것. 표면은 나무지만 가구의 토대가 되는 부분은 합성 목재 등으로 만든 심재가 사용됩니다. 표면에 드러나는 부분은 나무이므로 나뭇결도 있고, 언뜻 보기에는 원목 가구와 구별이 쉽지 않습니다. 가격은 원목 가구의 반값 정도. 북유럽 빈티지 가구에는 베니어 합판 가구가 많으며 옛날 베니어판 시트는 1~2mm 정도로 두꺼웠기 때문에 단판 가구라고도 합니다. 원목 가구에 비해 내용 연수가 짧을 것이라 생각하기 쉽지만 50여 년 전에 만들어진 빈티지 가구도 많습니다.

프린트 합판

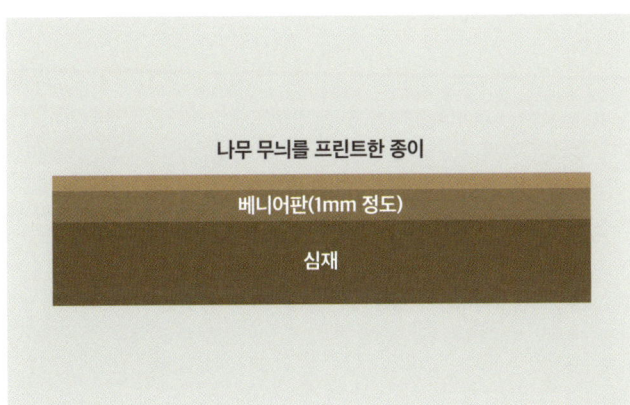

얇게 슬라이스한 나무 시트 대신 나무 무늬가 프린트된 종이를 붙인 것입니다. 목제 가구 같은 품질은 아니지만 매우 저렴한 것이 특징.
프린트 기술이 해마다 향상되고 있어 최근에는 언뜻 보면 베니어 합판 가구와 구별하기 어려운 제품도 있습니다. 내용 연수가 짧아 열화 방지를 위한 도장을 하므로 값싼 느낌을 주기 쉽습니다. 저렴함이 가장 큰 장점이며 포컬 포인트처럼 이목을 끄는 용도로는 적합하지 않습니다.

	가격	사용 연수	느낌	경년 변화
원목 가구	비싸다	길다	고급스럽다	오일 도장의 경우 멋스러움이 더해진다
베니어 합판 가구	중간 정도	중간 정도	중간 정도	열화를 방지하기 위한 도장이 일반적
프린트 합판 가구	싸다	짧다	싸구려 같다	열화를 방지하기 위한 도장이 일반적

PART 04

장식의 이론

가구를 모두 갖췄다면 소품을 이용해 포인트를 더하세요.
고풍스러운 물건, 시간이 지남에 따라 모습이 변해가는 물건, 편직 제품.
식물 같은 자연적인 소품, 사람의 손으로 만든 흔적이 느껴지는 소품.
어떤 것을 더하느냐에 따라 당신만의 공간이 다르게 만들어집니다.
소품의 디스플레이 방법과 조합 방법에 대한 이론도 함께 설명했습니다.

THEORY
017

포인트 아이템으로
꾸민다

포인트 아이템으로 즐기는 이상적인 공간

심플하고 깨끗하게 정돈되어 있지만 밋밋하고 개성이 느껴지지 않는 집. 인테리어 초보자가 만드는 집이 그런 인상을 갖게 되는 데는 분명한 이유가 있습니다. 그것은 소재나 질감이 단조로워 리듬이 느껴지지 않고 볼거리가 무엇인지 알 수 없기 때문입니다.

이런 집의 센스를 업그레이드 시키려면 포인트가 되는 곳을 정해 변화를 주고 볼거리를 만들어보세요. 포인트를 주어 이미지를 바꾸는 것입니다.

이 과제를 달성하기 위해 내추럴 빈티지 스타일의 인테리어에서는 '포인트 아이템'을 추천합니다. 포인트 아이템이란 집안의 포인트가 되는 잡화나 소품을 말합니다. 구체적으로는 고풍스러운 멋이 풍기는 빈티지 제품이나 시간이 지남에 따라 느낌이 달라지는 물건, 편직 제품, 자연 소재의 제품, 사람 손으로 작업한 흔적을 느낄 수 있는 물건 등입니다.

가구처럼 크지 않고 작은 아이템이 많으므로 천천히 마음에 드는 것을 찾아 사모을 수 있습니다. 오랜 시간에 걸쳐 조금씩 집을 완성해가는 즐거움도 있습니다.

동영상으로 해설!

색이 아닌 질감과 멋으로 포인트를 준다

△ 포인트 컬러를 이용하는 방법

흰색이나 베이지색으로 통일한 방에 선명한 노란색 블랭킷을 배치. 포인트 컬러로 집안의 단조로운 느낌을 없애고 볼거리를 만듭니다.

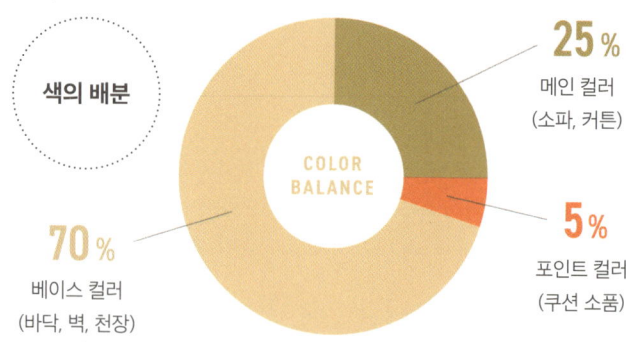

색의 배분

COLOR BALANCE

25 % 메인 컬러 (소파, 커튼)

5 % 포인트 컬러 (쿠션 소품)

70 % 베이스 컬러 (바닥, 벽, 천장)

○ 포인트 아이템을 이용하는 방법

흰 벽에 갈색 계열의 가구, 무채색 러그 매트로 공간의 베이스를 만들었습니다. 톤을 맞춘 가구와 인테리어를 통일하여 다소 밋밋한 느낌이 듭니다.

소재감 있는 소품, 그림, 식물을 배치함으로써 포인트 요소가 더해져 허전함이 해소되었습니다.

분위기 있는 잡화와 소품으로 차분하게 꾸민다

인테리어에서 '배색의 기본'은 '7:2.5:0.5'입니다. 이를 '배색의 황금비율'이라 부르는데, 바닥과 벽, 천장에 사용하는 색을 '베이스 컬러 70%', 소파와 커튼 등에 사용하는 색을 '메인 컬러 25%', 시선을 끌기 위해 소품에 사용하는 색을 '포인트 컬러 5%'로 정의하고 있습니다.

베이스와 메인 컬러로 집안 전체를 정리하고 5%의 선명한 색 또는 집안의 전체 톤과는 다른 색으로 포인트를 주는 방법입니다.

하지만 내추럴 빈티지 스타일에서는 굳이 포인트 컬러를 사용하지 않습니다. 포인트 컬러에는 눈길을 끄는 효과가 있지만, 지나치게 시선을 집중시켜 차분한 분위기와 조화를 깨뜨리기 때문. 컬러 대신 포인트 역할을 하는 것이 '포인트 아이템'. 컬러로 포인트를 주는 것이 아니라 질감으로 포인트를 만드는 접근법입니다.

포인트 아이템은 5종류로 구성

① 고풍스러운 멋이 있는 것 (111쪽으로)

세월이 흐르면서 짙은 색을 띠게 된 목재 가구와 잡화, 색바랜 미술품에서는 깊은 역사가 느껴집니다. 새 집에 오래된 물건의 소재감이 더해지면 훌륭한 포인트가 됩니다.

② 시간이 지남에 따라 느낌이 변하는 것 (115쪽으로)

가죽이나 놋쇠로 만든 제품은 공간에 온기뿐 아니라 고급스러움을 더해줍니다. 또한 세월이 흐름에 따라 자신만의 색깔로 변해가는 것도 큰 매력. 매일 사용할 때마다 애착이 가는 아이템입니다.

③ 패브릭 제품 (119쪽으로)

패브릭 아이템이나 쿠션 등. 리넨이나 면 등의 패브릭은 주변 가구들과 조화를 이루며 소재 자체의 질감도 느낄 수 있습니다. 썰렁한 인상을 주던 공간에 따뜻함을 더해줍니다.

④ 자연 소재 (123쪽으로)

식물과 드라이플라워, 유리 제품이나 라탄 제품 등으로 자연스러운 자연의 모습을 즐길 수 있습니다. 단조로운 인상의 집에 변화가 생기고 볼거리를 만들어줍니다.

⑤ 수작업의 흔적이 느껴지는 것 (129쪽으로)

도기로 만든 식기나 그릇, 미술 작품, 라탄 바구니 등. 장인의 손길이 느껴지는 아이템은 기계로는 만들어낼 수 없는 따뜻함과 깊은 멋을 가져다줍니다.

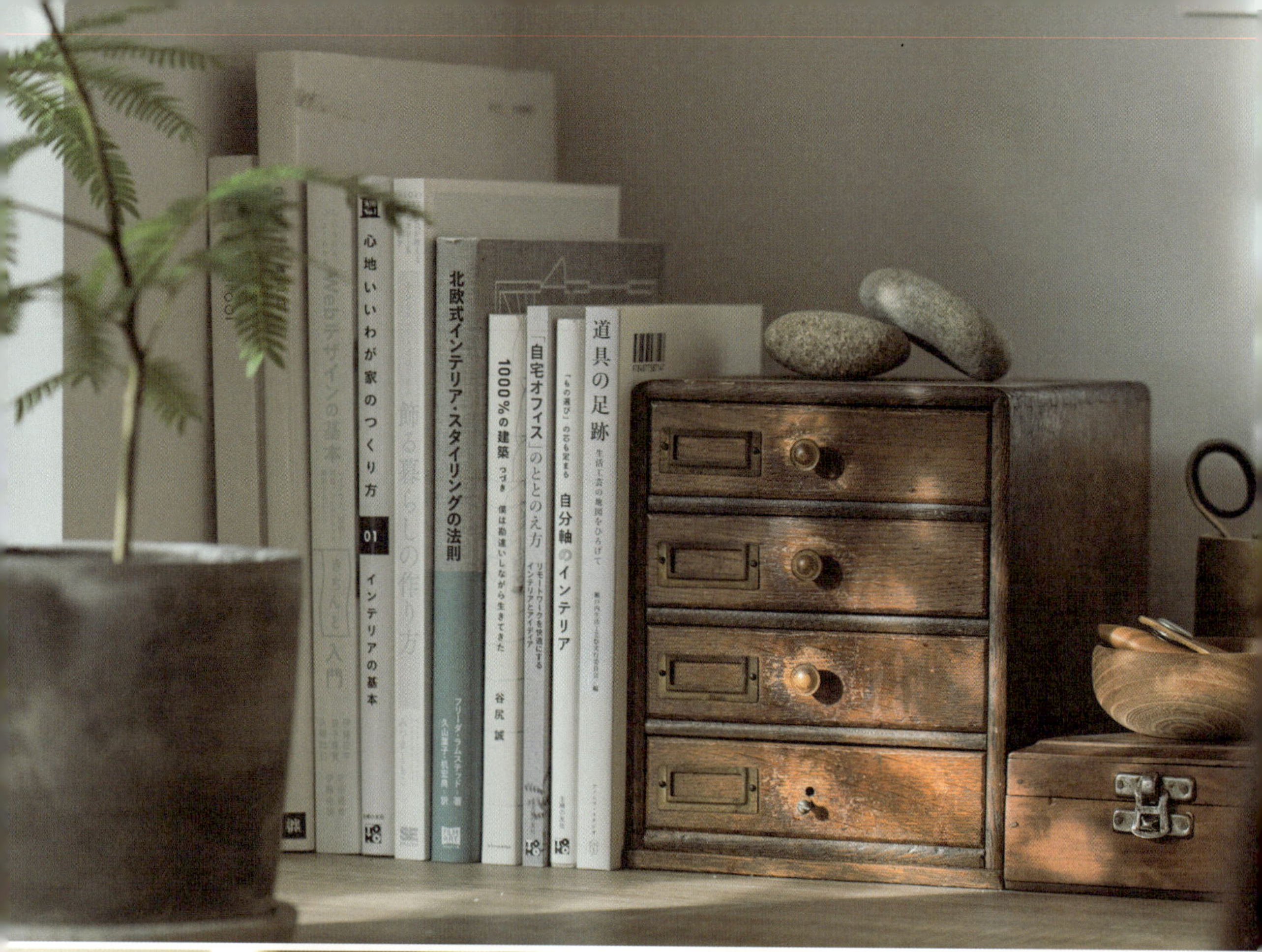

心地いいわが家のつくり方
01
インテリアの基本
飾る暮らしの作り方
北欧式インテリア・スタイリングの法則
1000%の建築 つづき 僕は勘違いしながら生きてきた
谷尻 誠
「自宅オフィス」のととのえ方
リモートワークを快適にするインテリアとアイデア
「もの選び」の芯を定める
自分軸のインテリア
道具の足跡
生活工芸の地図をひろげて

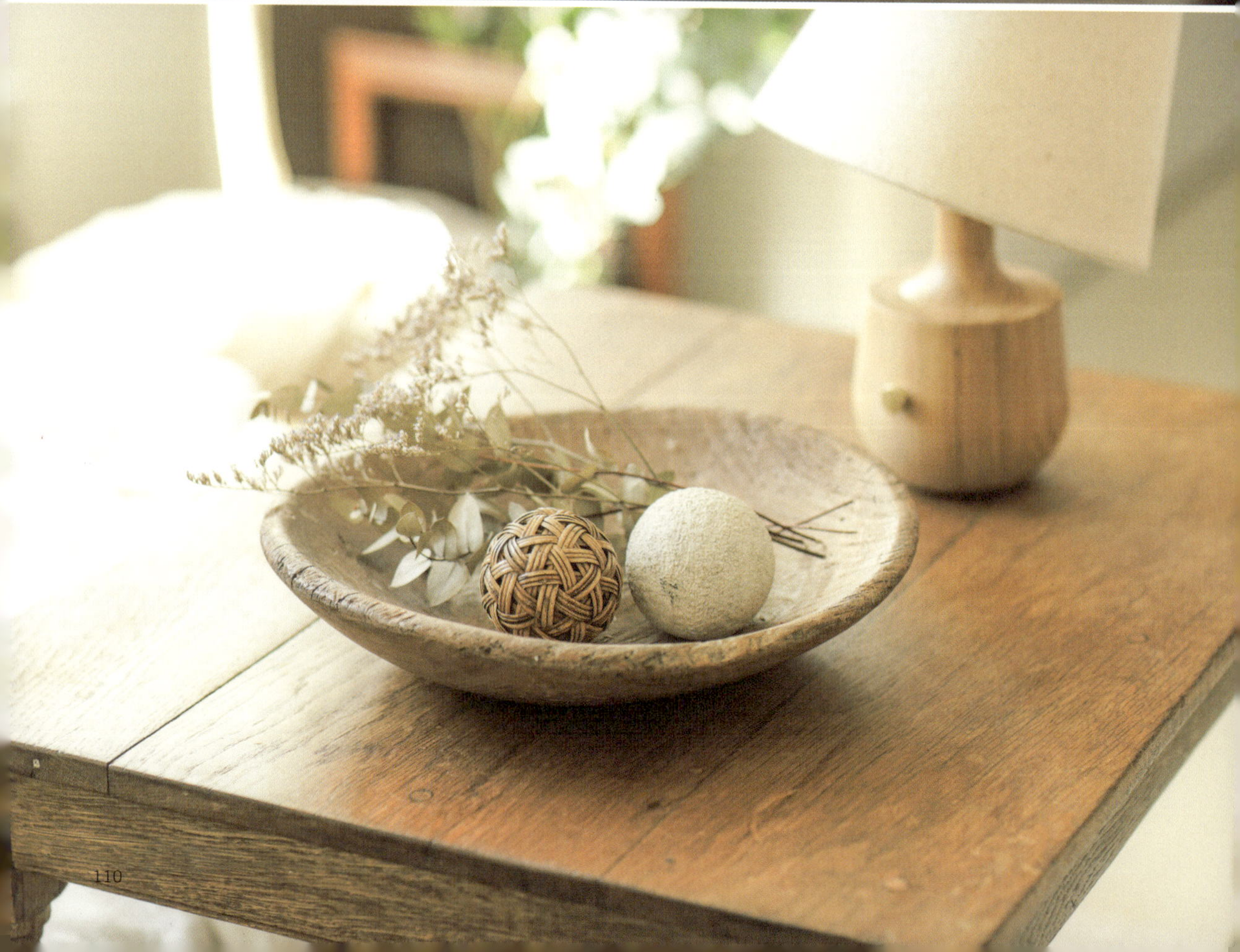

THEORY
018

포인트 아이템 ①

고풍스러운 소품으로
깊은 멋을 낸다

고유의 멋이 있는 앤티크 아이템의 매력

유럽과 미국에서는 소파와 테이블, 조명 등의 가구와 생활에 필요한 다양한 아이템을 자식이나 손자에게 물려주는 일이 매우 보편적이라고 합니다. 그래서 젊은 사람들이 독립해 혼자 살게 될 때도 가구 때문에 어려움을 겪는 일이 별로 없다고 하더군요.

오래된 물건을 버리지 않고 대대로 물려주며 소중히 여깁니다. 때때로 부서지거나 상태가 나빠져도 수선해서 다시 쓴다는 것이지요. 이런 문화가 매우 멋있다는 생각이 듭니다.

오래된 잡화나 가구, 미술품 등 빈티지와 앤티크 아이템은 같은 것이 하나도 없습니다. 과거에 누군가가 사용했고, 긴 세월이 흘렀으며, 물건에 따라서는 바다를 건너 다른 사람에게로 전해져 새로운 주인에게 도착합니다.

긴 세월을 지나는 동안 만들어진 깊은 멋과 상처, 손때까지도 그것의 역사이자 매력입니다. ==새집에 오래된 물건을 보태면 공간에 따뜻함이 더해지고 그 자체가 가진 소재감이 훌륭한 포인트가 됩니다.==

동영상으로 해설!

앤티크의 힘을 빌린다

끌리는 소품을 생활에 적용한다

빈티지 장식이나 미술품, 가구나 도자기 등 오래된 아이템에는 나름의 운치와 매력이 있습니다. 조그만 아이템이지만 집안의 포인트로 강력한 힘을 발휘하니 반드시 활용해 보세요.

끌리는 물건을 손에 넣었을 때 집에 있는 물건과의 조화나 둘 장소, 쓰임새를 생각하는 것도 즐거운 일입니다.

옛날 아이템 중에는 장식품만 있는 게 아니라 실용적인 물건도 많습니다. 유리로 된 작은 병이나 용기에는 식재료나 차, 허브를 넣을 수 있고, 목제 용기나 라탄은 문구류나 서류 등 생활감이 드러나는 잡화를 센스있게 수납하기 좋습니다.

column

벼룩시장에 가자

동영상으로 해설! 동영상으로 해설!

벼룩시장은 '보물 창고'
다양한 물건들과의 만남을 즐긴다

빈티지 아이템을 손에 넣기 위해서는 골동품점이나 앤티크 샵, 인터넷 쇼핑몰 등을 이용하는 방법이 있지만 '벼룩 시장'이나 '골동품 시장'을 이용하는 것도 좋습니다.

벼룩 시장이나 골동품 시장은 전국 각지에서 열리는데 그 규모는 30개 점포에서부터 많은 곳은 300개 가까이가 입점합니다.

벼룩 시장에서는 물건 찾기뿐 아니라 가게 주인과 나누는 대화도 즐거움 중 하나. 물건의 역사나 배경에 대한 설명을 듣기도 하고 때로는 가격 협상도 하게 되지요. 벼룩 시장에 다니다 보면 자신이 어떤 것들을 좋아하는지 알게 되고 마음에 드는 가게도 발견하게 됩니다.

수많은 빈티지 아이템 중에서 뭔가 멋진 것이 없는지 찾아다닐 때의 두근거림, 자기만의 보물을 찾아냈을 때의 설렘을 경험한 사람은 벼룩시장 마니아가 되고 맙니다. 멋진 빈티지 아이템을 만나기 위해 조금 일찍 일어나 나가보는 건 어떨까요?

< Re:CENO 스태프가 추천하는 벼룩시장 >
- **도쿄** 도쿄 벼룩시장 / 국영 쇼와 기념 공원 (개최 장소는 변경 가능)
  5월과 11월 연 2회, 각 3일 정도 열림
- **교토** 헤이안 벼룩시장 / 오카자키 공원 (교토 시 사쿄구 오카자키 사이쇼지초 외) / 매월 거의 10일 열림
- **후쿠오카** 고코쿠 신사 벼룩시장 (후쿠오카 시 추오 구 롯폰마쓰 1-1-1 고코쿠 신사 참배길) / 부정기적으로 열림

포인트 아이템 ②

시간과 함께 변해가는 물건을
내 스타일대로 길들인다

사용하는 동안 모습이 변해가는 것을 즐긴다

==놋쇠가 지닌 차분한 골드 컬러와 구리의 적갈색, 가죽 제품의 손때 묻은 소재감은 내추럴 빈티지 스타일의 인테리어와 궁합이 아주 잘 맞습니다.==

　놋쇠는 구리와 아연의 합금으로 '황동'이라 부르기도 합니다. 비교적 저렴하지만 내식성(금속 부식에 대한 저항력)이 뛰어나고 가공하기 쉬운 금속이지요. 일용품이나 액세서리, 기계 기구 등 폭넓은 제품에 이용됩니다. 새 놋쇠는 빛나는 금색이지만 시간이 지나면서 애수가 느껴지는 앤티크 느낌의 컬러로 길들여져 멋지게 변합니다.

　구리는 조리 기구 등의 제품으로 가공됩니다. 놋쇠와 마찬가지로 시간이 지남에 따라 차분한 느낌으로 변해 부엌에 두는 것만으로도 그림이 되지요.

　가죽 제품에는 소가죽, 돼지가죽, 양가죽, 사슴가죽 등을 쓰는데 무두질하는 방법에 따라 느낌이 달라집니다. '무두질'이란 털이나 오염물을 제거하고 껍질을 부드럽게 하는 기술. 식물성 화합물을 이용한 탄닌 무두질, 화학 약품을 이용한 크롬 무두질, 탄닌 무두질과 기름 무두질을 같이 하는 크롬 프리 무두질이 있습니다. 크롬 프리 무두질은 일본의 제혁업자가 개발한 기술로 알맞게 부드러운 마감이 특징입니다.

동영상으로 해설!

세월의 변화를 즐긴다

나만의 느낌으로 길들인다

놋쇠 제품은 스푼과 포크 등 커트러리를 비롯해 액세서리나 열쇠를 담는 트레이, 문 손잡이, 가구 손잡이, 지갑이나 열쇠고리 버튼 등 다방면에 활용됩니다.

구리는 열을 잘 전달하는 성질이 있어 냄비 등의 조리기구와 주전자 외에도 커트러리, 컵, 텀블러 등으로 가공됩니다.

놋쇠도 구리도 새 제품은 반짝반짝 윤이 나는데 세월이 흐르면서 깊이 있는 색으로 변하고 운치도 더해 갑니다.

가죽 제품으로 말하자면 소파와 쿠션 커버 등의 큼직한 것에서부터 지갑이나 열쇠 지갑, 티슈 케이스, 룸 슈즈 등 다양하지요. 가죽 제품은 오래 쓸수록 부드러워지고 손에 길들어 점점 더 애착이 생깁니다.

내추럴 빈티지 스타일의 인테리어에 자연스럽게 섞여 어울리는 것은 물론입니다. 따뜻하고 고급스러운 느낌의 매력적인 아이템을 정성껏 손질하며 오랫동안 쓰다 보면 자기만의 느낌으로 길들여지는 즐거움을 맛볼 수 있습니다.

윤기 나던 놋수저도 오래 써 시간이 지나면 차분한 느낌이 듭니다.

가죽 스툴이나 가죽 슬리퍼, 놋쇠 접시 등은 도전하기 쉬운 아이템입니다.

column

정성껏 손질해 오래 사용하자

놋쇠나 가죽은 오래 쓸수록 운치가 더해집니다. 놋쇠는 녹이나 거뭇한 얼룩이 생기는 경우가 있고 가죽은 균열이 생길 수 있습니다. 각 제품에 적합한 손질 방법으로 관리하면 오래 쓸 수 있습니다.

동영상으로 해설!

놋쇠 손질법

아이템이 잠길 정도의 식초, 식초를 담을 용기, 중성세제, 솔, 광택낼 천을 준비. 닦고자 하는 놋쇠 아이템을 용기에 넣고 아이템이 잠길 때까지 식초를 붓습니다.
2~5분간 그대로 두었다가 물로 식초를 씻어내고 솔에 중성세제를 묻혀 부드럽게 닦습니다.
다 닦으면 중성세제를 씻어내고 수건으로 물기를 닦아냅니다. 시판 중인 광내기 천으로 닦으면 윤기가 납니다.

가죽 손질법

가죽 전용 클리너에는 여러 종류가 있습니다. 추천하는 것은 용제가 들어있지 않은 수성 타입. 가죽에 부드럽게 작용하므로 표면 가공된 제품이라도 손상 없이 깨끗이 세정할 수 있습니다.
먼지 등을 청소기로 빨아들이고 클리너를 스펀지에 묻혀 가볍게 문지르면 거품이 납니다. 더러운 부분을 부드럽게 거품으로 씻어내고 깨끗한 천으로 닦아냅니다. 표면을 보호하기 위해 프로텍션 크림을 바르고 그대로 말립니다.

THEORY 020

포인트 아이템 ③

패브릭 아이템으로
공간에 표정을 만든다

침대나 소파 등의 휴식 공간에 온기를 더한다

러그 매트, 블랭킷, 쿠션 등 패브릭 아이템은 집안에 따뜻함과 편안함을 더해주는 중요한 존재. 내추럴 빈티지 스타일의 인테리어에는 리넨이나 면, 울 등의 천연소재로 만든 패브릭이 잘 어울립니다.

그중에서도 올록볼록하게 짠 것과 굵직한 실로 성기게 짠 것은 수제품에서만 느낄 수 있는 따뜻함이 있어 마음을 푸근하게 만듭니다.

심플한 디자인은 질리지 않고 오래 쓸 수 있습니다. 집안의 톤과 어울리는 색을 선택하면 주변 가구와 조화를 이루며 소재 자체의 느낌이 돋보입니다. 집안이 차갑고 썰렁하게 느껴진다면 인테리어에 어울리는 패브릭 아이템을 활용해 공간을 근사하게 만들어 보세요.

공간이 좁거나 해가 잘 들지 않는 집이라면 넓고 밝아 보이게 하는 베이지나 라이트 그레이 컬러로 통일하면 좋습니다.

동영상으로 해설!

동영상으로 해설!

천의 질감을 포인트로

질감이 느껴지는 무늬로 포인트를 살린다

거실에 패브릭 아이템을 활용한다면 먼저 소파 위에 편직물 쿠션을 두세요. 소파는 집에서 중심이 되는 존재감이 있는 가구이므로 포인트 아이템을 사용하면 멋을 더할 수 있습니다.

그리고 바닥에는 직조한 느낌의 러그 매트를 더합니다. 러그 매트는 넓은 면적을 차지하므로 무늬가 있을 때는 차분한 컬러를 선택하고, 심플한 무늬가 있는 것을 고르는 것이 핵심입니다.

원룸이라면 특별히 추천하는 것이 침대에 블랭킷을 덮는 것입니다. 원룸의 경우에는 침대의 존재감이 매우 크게 느껴집니다. 이 넓은 면적에 직조한 느낌의 블랭킷을 두면 생활감을 억제하면서 분위기도 근사해집니다.

거실 소파 주변에 천을
소파에는 커버를 씌운 쿠션이나 블랭킷 등의 천으로 된 소품을.

침대에는 블랭킷을
원룸의 경우, 침대에 블랭킷을 덮으면 방 전체에 안정감이 생깁니다.

민속 느낌 무늬

킬림이나 트라이벌, 모로칸 자수, 심플한 체크무늬인 베르베르 민족의 베니와렌 등 민속 무늬의 아이템은 집안에서 톡톡 튀는 존재. 존재감이 너무 강해지지 않도록 다운된 컬러를 고르는 것이 핵심.

전통적인 무늬

아일랜드의 아란 패턴과 같은 전통적인 무늬는 클래식한 분위기로 집안에 고급스러움을 더해줍니다. 입체감 있는 아란 무늬에는 '나이아몬드'와 '벌집' 등 하나 하나에 의미가 담겨있다고 합니다.

내추럴한 무늬

성기게 짠 무늬는 포인트가 되면서도 특징이 두드러지지 않아 다양한 취향의 인테리어에 매치할 수 있습니다. 침대나 소파 주변 등 장소를 가리지 않고 잘 어울리기 때문에 요긴합니다.

포인트 아이템 ④

자연 소재로
복잡성을 더한다

식물의 힘으로 생활 공간에 입체감과 복잡성, 생명력을 더한다

마음에 드는 가구와 생활 도구를 갖춘 세련된 집이라도 '물건'으로만 채워서는 어딘가 허전하고 생명력이 느껴지지 않습니다.

그 안에 식물이나 꽃 등의 자연 소재를 두면 생명력과 자연물 특유의 복잡성이 생겨나 따뜻하고 생기 넘치는 공간이 됩니다. 자연 소재는 인테리어의 수준을 단번에 높이는 훌륭한 보조 역할을 합니다.

공간에 어느 정도 여유가 있다면 큰 식물을 놓아보세요. 분위기가 확 살아납니다. 공간이 좁다면 수납 가구나 테이블 위에 작은 화분이나 드라이플라워만 놓아도 집안의 인상이 바뀝니다.

그 이유는 먼저 식물이 있으면 '입체감'이 생깁니다. 식물을 두는 테이블 위나 수납 선반은 기본적으로 평면인데, 그곳에 식물을 두면 입체감이 생겨 시각적인 아름다움을 느끼게 됩니다.

또 하나는 자연스러운 '복잡성'이 생깁니다. 식물은 자연이 만들어낸 조형물입니다. 주택이나 가구 등 사람의 손으로 만들어 낸 조형물 속에 자연이 만든 조형물의 복잡성이 더해지면 인테리어에 심오함이 묻어납니다.

---

* 복잡성 (complexity) : 단순하지 않지만 너무 복잡해서 무질서한 것도 아니며, 복잡하지만 독특한 질서를 보이는 상태

동영상으로 해설!

식물의 힘을 빌린다

질감과 모양을 신경 써 고른 식물로 생기 넘치는 공간으로

집안에 좋아하는 가구를 놓아도 식물이 전혀 없으면 썰렁한 인상을 줍니다. 식물의 생기 있는 모습은 공간에 생명력을 부여하고 초록 잎은 심리적으로 안정감을 줍니다.

식물은 내추럴 빈티지 스타일의 인테리어에 자연의 색채를 입히는 중요한 역할을 합니다.

집에 식물을 놓는 방법은 크게 나누어 바닥에 두기, 선반에 두기, 매달기입니다. 커다란 나무 화분은 거실 창가 바닥에 두고, 작은 관엽식물은 식탁이나 허리 높이의 수납 선반에 둡니다. 주방 창가에는 요리에도 쓸 수 있는 허브 화분을 두면 편리합니다. 빈 공간에 식물만 갖다 놓아도 집안의 포인트 역할을 해냅니다.

선반에 둔다

선반에 두는 경우에는 작은 크기의 화분이나 큼직한 꽃꽂이류를 장소에 맞게. 큰 식물은 하나만 놓아도 그림이 됩니다. 작은 식물이라면 여러 개의 화분을 놓아도 좋습니다. 같은 크기, 같은 식물, 같은 화분이 아니라도 OK.
식물의 종류나 높이가 달라야 다양한 표정을 연출합니다. 화분의 색이나 톤을 맞추면 크기가 달라도 통일감이 생깁니다.

매단다

매다는 화분에는 아이비나 포토스 같은 덩굴성 관엽식물이 안성맞춤. 높은 위치에 매달게 되므로 눈에 잘 들어오고 길게 뻗은 가지와 줄기에서 활력이 느껴집니다.
세련된 느낌을 풍겨 인기가 많은 박쥐란은 잎이 여러 방향으로 향하고 크기도 불규칙. 입체감과 복잡성을 가지고 있어 추천합니다.

바닥에 둔다

바닥에 두는 식물은 존재감 있는 크기의 큰 화분이 기본. 가지가 곧게 위로 뻗는 것보다 활처럼 휘는 것을 추천합니다. 초보자도 키우기 쉬운 식물은 고무나무, 알티시마, 올리브, 홍콩야자 등.

동영상으로 해설!

나뭇가지를 활용한다

존재감 있는 나뭇가지로 생활 공간에 '계절'을 연출한다

식물을 키우는 데 자신이 없다면 나뭇가지를 활용해 보세요. 나뭇가지는 꽃꽂이에 사용되므로 꽃집에서 쉽게 구할 수 있습니다.

집안에 입체감과 복잡성이 생기는 것은 물론이고 열대성 관엽식물과는 달리 가지와 잎의 섬세함과 계절의 변화를 느낄 수 있습니다.

나뭇가지는 생화보다 오래 가는 것이 특징. 큼지막한 것은 커다란 꽃병에 물을 가득 담고 꽂아 바닥에 두세요. 꽃병에 들어가는 크기라면 식탁 위에 두거나 서랍장이나 사이드 테이블 위에 장식해도 멋집니다. 나뭇가지만으로는 조금 싫증이 난다면 계절에 맞는 생화를 더해 장식하는 것도 좋습니다.

춘하추동, 사계절의 꽃꽂이

봄 파릇파릇한 마춰목 가지를 유리 꽃병에 꽂는다.

여름 초여름에 보이는 단풍 철쭉.

가을 열매를 꽂아 두면 계절감이 한층 더.

겨울 존재감 있는 목화(코튼 플라워).

생화를 활용한다

계절에 맞는 꽃을 장식해 신선한 기운을 채운다

식물은 입체감과 복잡성을 손쉽게 인테리어에 끌어들일 수 있는 아이템인데, 그중에서도 생화는 아주 쉽게 구할 수 있고 바로 활용할 수 있습니다.

테이블에 꽃 한 송이만 장식해도 집안이 단숨에 화사해지고 계절감을 연출할 수 있습니다.

꽃을 장식하기 위해 필요한 꽃병은 크기와 디자인, 소재 등 종류가 다양합니다. 꽃장식이 처음이라면 높이 15cm 정도의 심플한 디자인을 고르세요. 테이블, 책상, 선반 등 장소를 가리지 않고 둘 수 있습니다.

디자인이 심플하면 꽃의 종류도 가릴 것 없이 좋아하는 것으로 장식할 수 있습니다. 도자기나 유리 등 제철의 꽃과 어울리는 꽃병을 고르는 것도 즐거움 중 하나입니다.

봄 카네이션에 바늘꽃이처럼 생긴 핀쿠션을 함께.

여름 볼륨 있는 수국과 레이스 플라워로 산뜻하게.

가을 하얗고 볼륨감 있는 가을 장미에 빨강과 보라색 포인트 컬러로 가을 분위기 연출.

겨울 프릴 같은 스톡 꽃에 담금질 풀을 함께.

드라이플라워를 활용한다

내추럴한 드라이플라워로 시크하고 섀비하게 장식

빈티지한 분위기를 자아내는 드라이플라워는 앤티크 아이템이나 내추럴 인테리어와 찰떡궁합. 스웨그(swag)로 만들어 벽에 걸면 인테리어의 포인트가 됩니다.

꾸미는 방법은 정통적으로 꽃병에 꽂거나, 목제나 가죽 용기를 사용하거나, 액자 안에 붙여 입체적인 그림처럼 보이게도 만듭니다.

펜던트 조명의 코드나 체인에 묶어도 예쁘고, 열매와 씨앗, 줄기를 짧게 자른 꽃 등을 뚜껑 있는 유리 용기에 넣어도 멋있습니다. 물이 필요 없는 드라이플라워 장식을 자유로운 방식으로 즐겨보세요.

동영상으로 해설!

좋아하는 꽃으로 직접 만드는 드라이플라워

드라이플라워는 전문점 외에 꽃집과 잡화점 등에서 판매하지만, 간단히 만들 수도 있으니 도전해보세요.

재료는 꽃집에서 파는 생화로 OK. 수분이 적고 꽃이나 줄기가 작은 것을 택하면 빠르고 예쁘게 건조할 수 있습니다. 노란색이나 보라색 꽃은 건조한 후에도 색깔이 잘 바래지 않으므로 추천. 꽃을 구입할 때 가게 직원에게 드라이용 꽃을 알려달라고 하면 좋겠죠.

모처럼 생화를 샀으니 잠시 꽃병에 꽂아 감상하고 싶겠지만 신선한 상태로 말려야 완성품이 더 예쁘니 최대한 빨리 건조하세요.

드라이플라워를 만들려면 매달아서 건조하는 방법이 가장 간단하고 실패도 없습니다. 가지나 줄기를 매달기 쉬운 길이로 잘라마 끈이나 철사로 묶습니다.

그런 후 꽃끼리 간격을 벌려 통풍이 잘되는 그늘에 매달아 놓고 기다리면 됩니다. 2주 정도 건조시키면 완성입니다.

◎ **드라이플라워용 꽃** …… 장미, 스타티스, 미모사, 니겔라, 아티초크, 스모크트리, 수국, 라벤더, 에린지움, 뱅크시아, 프로테아 등.

◎ **드라이용 잎사귀 · 나뭇가지 종류** …… 유칼립투스, 더스티밀러, 그레빌리아, 코니퍼 등의 침엽수, 로즈마리 등.

포인트 아이템 ⑤

수작업 흔적이 느껴지는 소품으로
따뜻함을 더한다

공산품에는 없는 소재감과 수작업의 따뜻함을 즐긴다

도자기 그릇이나 주전자, 한 장 한 장 그린 그림이나 판화, 정성 들여 짠 라탄 바구니, 투박한 느낌의 철제품 등 아티스트와 장인이 만든 작품과 생활용품에는 수제품만이 가지는 고유의 따뜻함이 있습니다.

==수제품은 디자인이 단순하더라도 하나하나의 질감이나 모습이 미묘하게 다릅니다. 기계로 만든 공산품이 절대 낼 수 없는 깊은 멋이 있어 인테리어의 포인트 아이템이 됩니다.==

내추럴 빈티지 스타일의 인테리어에는 세월이 흐르면서 깊은 멋을 내는 앤티크 제품이 안성맞춤. 하지만 앤티크 제품은 가격이 비싼 경우가 많아 실제 생활용품으로 쓰기는 망설여지지요.

현대적인 물건이라도 도자기의 경우 오래 쓰다 보면 유약 부분에 실금이 가거나 색이 물들어 진해지기도 합니다. 손으로 짠 바구니는 서서히 색이 짙어지면서 운치를 더해갑니다. 따뜻함이 묻어 나는 수제품을 자기 손으로 길들여 깊은 멋이 나도록 바꿔보세요. 그렇게 세월과 함께 변해가는 모습을 즐기는 것도 멋있습니다.

동영상으로 해설!

따뜻함이 느껴지는 아이템을 일상에 담는다

수작업의 흔적을 느끼게 하는 포인트 아이템을 소개하겠습니다. 우선 활용하기 좋은 것이 그림과 포스터입니다.

사람이 손으로 직접 그린 것이니만큼 한 점만 있어도 존재감이 탁월합니다. 흰 벽에는 좋아하는 드로잉이나 포스터를 장식해보세요. 투박한 느낌의 철제 꽃병에는 드라이플라워를. 정돈된 집에 빈티지 감성과 따뜻함을 더해줍니다.

내추럴한 라탄 바구니는 바닥에 놓아 잡화를 담습니다. 식탁이나 거실 소파에서 티타임을 즐길 때는 손때 묻은 도기 주전자와 컵을 세팅.

차분한 톤으로 소재감과 운치가 있어 내추럴 빈티지 스타일 인테리어와 잘 어울리지요. 작가가 손으로 만든 물건을 생활에 활용해 보세요.

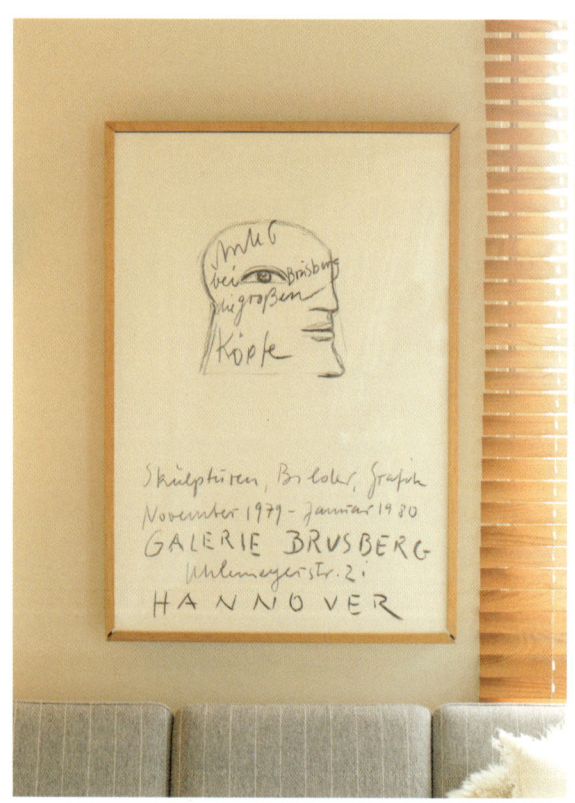

드로잉과 아트 포스터

손으로 직접 그린 드로잉 작품과
그림 포스터는 집안 꾸미기에 필수.

목공품

목재를 손으로 가공한 아이템도 따뜻한 느낌을 줍니다. 조각의 흔적이 있는 목제 쟁반을 식탁에 놓거나 목제 오브제를 장식.

도자기

흙을 빚어 만든 도자기로 멋스러움을 즐겨보세요. 표면에 가해진 유약과 불꽃이 만들어 내는 운치를 맛볼 수 있습니다.

덩굴 식물로 짠 아이템

손으로 짠 바구니도 활용하기 쉬운 아이템입니다. 만든 나라나 지역에 따라 달라지는 소재나 짜임새의 차이도 즐겨보세요.

THEORY
023

장식의 비결 ①

포컬 포인트를 만든다

시선을 끄는 포인트를 만들어 공간 전체의 느낌을 업그레이드

'포컬 포인트'란 '초점(focal)이 되는 장소(point)'라는 의미. 집안에서 눈에 잘 들어오는 장소를 말하며 인테리어에서는 집의 인상을 결정짓는 중요한 장소입니다. 심플한 집이라도 포컬 포인트가 어디인지를 파악해 그곳에 볼거리를 만들면 집의 인상이 훨씬 좋아집니다.

예컨대 현관에 들어섰을 때 정면에 벽이 있고 선반을 설치한 경우, 현관으로 들어온 사람이 처음 보는 장소는 그 벽과 선반입니다. 즉 그곳이 현관의 포컬 포인트입니다.

그런데 중요한 장소인 벽면이 썰렁하거나 선반 위가 어질러져 있거나 디스플레이가 미흡하다면 그 후에 이어지는 다른 방이 아무리 깔끔하고 멋있어도 좋은 인상을 주기 어렵습니다.

눈에 잘 띄는 장소는 인테리어를 할 때 중요한 공간이므로 특히 정성을 들여 코디해야 합니다. 눈에 잘 띄는 장소인 까닭에 그 느낌이 공간 전체에 미치는 효과와 영향이 굉장히 큽니다.

동영상으로 해설!

'눈에 잘 띄는 장소'가 중요

포컬 포인트를 찾아 중점적으로 코디네이트

포컬 포인트를 찾는 방법은 어느 공간이든 동일합니다. 우선 거실이나 다이닝룸 등 집안을 둘러보며 '눈에 잘 띄는 장소'를 찾아보세요.

예컨대 LDK에 들어갔을 때 제일 먼저 눈에 들어오는 곳이 거실이라면 그곳이 포컬 포인트. 그 공간 안에서 가장 중요한 장소이므로 좋아하는 소파를 두거나 그 뒷면에 그림을 장식하는 등 중점적으로 코디하세요. 포컬 포인트를 코디하면 집안 전체의 퀄리티가 훨씬 높아집니다.

썰렁하다

어질러져 있다

포컬 포인트가 썰렁하거나 어질러져 있으면 그 집의 인상은 엉망이 되고 맙니다.

흰 벽이 눈에 띄던 포인트에 그림 작품을 디스플레이. 식물과도 잘 어울려 아름다운 포컬 포인트로 변신.

다이닝룸 벽에

벽에 액자만 걸려 있을 때는 균형이 약간 맞지 않고 흰 벽이 눈에 띄었는데, 식탁에 꽃병을 놓으니 화사해졌습니다. 전체적인 균형감도 좋아져 인테리어가 업그레이드 되었습니다.

소파 위는 기본

소파 뒤쪽의 벽은 소파에 앉으려고 할 때마다 눈에 들어오는 장소. 그림 포스터 등을 장식하면 훌륭한 포컬 포인트가 됩니다.

펜던트 조명도 효과적

다이닝룸에 펜던트 조명을 달면 공간에 포인트가 생겨 휑한 느낌이 줄어듭니다.

앉았을 때 눈높이에 있는 선반 위

앉아있을 때 시야에 들어오는 선반 위에는 같은 간격으로 물건을 놓아 리듬감을 만들었습니다. 소품을 진열해 허전한 느낌을 없앴습니다.

눈높이와 균형을 고려한 디스플레이

포컬 포인트를 찾고 싶어도 '눈에 잘 띄는 장소를 못 찾겠다'거나 '눈에 잘 띄는 곳이 창이나 벽이다'라는 경우도 있습니다.

그럴 때는 생활 속 눈높이에 주목해 보세요. 소파나 식탁 같은 가구는 기본적으로 시선보다 낮은 위치에 있어 그것이 포컬 포인트가 될 수는 없습니다.

조금 더 높은 위치, 즉 ==눈높이에 있는 사물이 인테리어의 인상을 좌우하는 포인트 아이템이 됩니다.== 이를테면 펜던트 조명이나 벽에 건 그림, 선반 위의 디스플레이 등. 자신의 눈높이에 있는 것이 필연적으로 포컬 포인트가 되며, 그곳을 정리하면 집안의 인상이 확실히 좋아집니다.

THEORY 024

장식의 비결 ②

디스플레이는
수직, 입체, 평면의 3종 세트

높낮이에 차이를 두는 디스플레이 테크닉

테이블 위나 수납 선반의 디스플레이가 예쁘면 그 공간 전체가 고급스럽고 세련된 분위기로 바뀝니다. 하지만 장식 방법을 고려하지 않고 그냥 좋아하는 물건을 늘어놓기만 해서는 어수선한 느낌을 주기 쉽습니다.

==디스플레이를 할 때는 중요한 기본 규칙이 있습니다.== 키가 큰 것, 중간 정도의 것, 낮은 것 등 높이가 다른 3가지 요소를 조합하여 배치하고 '수직'과 '입체'와 '평면'으로 '삼각 구도'를 만드는 것입니다.

3가지 요소를 조합하여 삼각형을 그리듯 배치하면 균형이 잡혀 일체감 있는 아름다운 구도가 완성됩니다. 삼각 구도는 디스플레이 테크닉의 손쉬운 방법 중 하나입니다. 이 방법을 익혀 두면 ==누구나 간단하고 멋있게 디스플레이할 수 있습니다.==

수납 선반 위에 소품을 디스플레이 하고 싶을 때는 '그룹핑' 기술이 도움이 됩니다. 이 경우에도 키가 큰 것, 중간 정도의 것, 낮은 것을 쟁반에 담아 삼각형을 그리듯 배치하면 입체감이 생겨 예쁘게 디스플레이할 수 있습니다.

동영상으로 해설!

3가지로 삼각 구도를 만든다

3가지 요소로 만들어지는 디스플레이의 입체감과 안정감

아름다운 디스플레이의 기본인 '삼각 구도'의 요소는 '수직', '입체', '평면'. 각각의 요소를 어떤 것으로 어떻게 조합하면 좋을까요? 높이가 있는 수직 아이템은 삼각 구도의 배경 역할. 그림이나 포스터가 그 역할을 담당합니다. 이것만으로는 허전하므로 중간 높이의 입체적인 아이템을 더해 화려함을 추가. 거기에 키가 작은 평면 아이템을 더하면 높이가 다른 3개의 아이템을 통해 자연스럽게 삼각 구도 완성. 입체감이 생겨 아름답게 디스플레이할 수 있습니다.

장식할 때 3가지 요소가 조금씩 겹치도록 앞뒤로 살짝 어긋나게 배치하면 한층 더 입체감을 연출할 수 있습니다.

입체 아이템
- 꽃병
- 테이블 조명
- 오브제, 장식물, 꽃꽂이 그릇 등

수직 아이템
- 포스터
- 액자
- 세워둔 책 등

평면 아이템
- 쟁반
- 평평한 면에 둔 책
- 직물 등

그룹핑으로 잡화를 정리한다

그룹핑 기술로 생활 잡화를 예쁘게 디스플레이

문구용품이나 메이크업 도구 같은 생활 잡화, 디스플레이용으로 구입한 작은 아이템류는 어디에 두시나요?

선반 위에 모아두기만 해서는 어수선한 인상을 주기 쉽고, 멋진 아이템을 가지고 있어도 그 장점을 제대로 살리지 못합니다. 그럴 때 요긴한 것이 '그룹핑'입니다.

==그룹핑은 작은 아이템을 모아 예쁘게 보이도록 하기 위한 테크닉. 바탕이 되는 스테이지를 만들어 잡화를 모아두면 단번에 정돈된 이미지로 변신합니다.==

나무 쟁반에 평소 사용하는 소품이나 스킨케어 아이템 등을 테마별로 모으면 깔끔한 인상을 주고, 놋쇠 쟁반을 현관에 두면 열쇠나 액세서리를 두는 장소로도 편리합니다. 책상 위에 펜이나 문구류를 모아놓는 것도 좋습니다.

==평소 사용하는 잡화의 자리를 정해두면 사물이 행방불명 되거나 어질러지는 일이 줄고, 예쁘게 디스플레이도 할 수 있어 일석이조입니다.==

동영상으로 해설!

그룹핑을 하지 않고 소품을 진열하면 전체적으로 흐트러져 있는 느낌. 소품 하나하나의 매력을 끄집어내지 못합니다.

쟁반을 스테이지로 하는 그룹핑 기술. 쟁반 안에서도 삼각 구도를 고려해 높낮이 차이를 두고 배치하면 정돈된 느낌과 입체감이 생겨 아름다운 디스플레이로.

납작하고 두툼한 목재 오브제를 쟁반 대신 사용한 스테이지 그룹핑.

나무 쟁반을 스테이지로 사용해 눈에 띄게 만든 그룹핑 디스플레이. 잡화의 개성이 살아납니다.

장식의 비결 ③

반복의 기술을
활용한다

반복의 기술로 통일감을 연출

인테리어에서 반복의 기술이란 같은 요소의 물건을 반복적으로 사용해 정돈된 인상을 만드는 것을 말합니다. 조금 어려워 보이지만 방법은 간단합니다. '같은 색'이나 '같은 형태', '같은 질감', '같은 소재' 등 특정한 요소를 의식적으로 집안 곳곳에 반복적으로 활용하는 간단한 테크닉입니다.

예컨대 관엽식물을 집 안에 몇 개 두는 것은 식물이라는 같은 소재와 잎이 가진 녹색을 반복적으로 연출하는 반복의 기술입니다. 반복의 기술은 디스플레이를 할 때도 도움이 됩니다. 테이블이나 수납 선반 위를 장식할 때 색이나 소재, 형태, 질감 등을 맞추면 통일감 있는 디스플레이가 완성됩니다.

이 기술을 알아두면 물건을 고르는 '법칙성'을 인식하게 됩니다. 적용할 인테리어의 아이템 후보 범위가 좁혀지고 아이템을 쉽게 고를 수 있습니다. 결과적으로 쇼핑의 실패를 줄이게 되고 통일감 있는 인테리어로 이어집니다.

동영상으로 해설!

반복하면 통일된 느낌이 난다

공통점이 있는 가구와 아이템으로 깔끔한 인테리어

색이나 형태, 질감, 소재 등을 맞춰 반복적으로 사용하면 통일감이 연출되는 반복의 기술. 이 테크닉을 사용하면 집안이 인테리어 아이템으로 가득 차 있어도 어수선한 느낌을 주지 않습니다.

예컨대 블랭킷이나 쿠션, 러그 매트 등의 패브릭 색깔을 통일하고, 사이드보드와 테이블, 플로어 조명 등의 가구는 목제품으로 컬러까지 맞춥니다. 그리고 관엽식물의 화분 커버와 잡화 수납 바구니를 자연소재의 라탄으로 통일하는 것도 추천합니다.

같은 소재

침대 주변의 수납 공간에 라탄 소재의 바구니를 여러 개 놓고 사용하면 통일감이 생깁니다.

같은 색

쿠션이나 블랭킷, 러그 매트는 베이지로, 가구는 밝은 브라운으로 같은 색을 반복해 사용합니다.

같은 모양

같은 꽃병에 같은 드라이플라워를 꽂아 연속적으로 배치. 하나면 허전하고 작아 보이는 디스플레이도 반복 배치하면 화사해집니다.

같은 질감

질감은 같지만 모양과 크기가 다른 꽃병을 반복해 두면 통일감 있으면서도 리드미컬한 느낌을 줍니다.

균등하게 배치한다

삼각 구도 + 균등 배치의 테크닉으로 더욱 세련되게!

삼각 구도(138쪽 참조)와 함께 디스플레이의 왕도라고 할 수 있는 것이 '균등 배치'입니다. 균등 배치는 반복의 기술을 활용한 디스플레이 방법.

구체적으로는 같은 모양의 유리 꽃병이나 캐니스터, 그릇 등 3개 이상의 같은 아이템을 균등하게 나란히 놓아 장식합니다.

진열하는 소품이 완전히 똑같지 않더라도 색이나 소재, 크기가 비슷하면 위화감이 생기지 않고 통일감 있게 디스플레이할 수 있습니다. 꽃병의 경우, 꽃는 식물의 종류까지 통일하면 더욱 멋있게 장식할 수 있습니다.

베이직한 균등 배치

작은 동물 모양의 장식물을 균등 배치한 디스플레이. 굉장히 심플하지만 그룹핑과 반복, 균등 배치의 테크닉을 활용한 장식입니다.

삼각형 하나를 균등 배치

책과 꽃병, 작은 오브제로 구성된 큰 삼각 구도와 높이가 다른 두 개의 꽃병으로 구성된 작은 삼각 구도가 섞여 있습니다. 왼쪽 꽃병의 작은 삼각 부분을 균등 배치해보세요.

큰 삼각 구도의 요소 중 하나인 꽃병을 3개 나란히 같은 간격으로 진열했습니다. 삼각 구도와 균등 배치를 함께 사용해 복잡성이 높아지고 더욱 매력적인 디스플레이가 되었습니다.

column

목제 가구의 마감 도장을 알아보자

동영상으로 해설! 동영상으로 해설!

**시간의 경과와 함께 변해가는 오일 마감
관리할 필요 없는 우레탄·래커 가공**

목제 가구의 재질 차이에 대해서는 앞서 100쪽에서 설명했지만 조금 더 들어가 목제 가구의 마감 도장에 대해서도 알아보겠습니다.

가구의 재질에 종류가 있듯이 가구의 표면 가공에도 종류가 있습니다. 대표적인 것이 오일 마감(오일 피니시), 우레탄 도장, 래커 도장입니다. 오일 마감은 나무에 식물성 오일을 도포해 마감하는 방법입니다. 나무 표면에 막을 만들지 않으므로 나무의 질감과 특성을 해치지 않습니다. 시간의 경과에 따른 변화를 즐길 수 있다는 것도 장점입니다. 오염으로부터 가구를 보호하는 힘은 우레탄 도장에 비해 약하므로 정기적인 관리가 필요합니다. 반면에 우레탄 도장이나 래커 도장은 수지나 용제를 사용해 나무 표면에 막을 형성하는 방법입니다. 보호하는 힘이 강한 반면 나무의 질감은 떨어집니다.

이처럼 마감 도장이 다르면 취급 방법이나 분위기가 달라집니다. 자신의 라이프 스타일과 취미 및 취향에 맞는 가구를 고를 수 있도록 차이를 알아두기 바랍니다.

오일 마감

아마인유나 오렌지 오일 등 식물성 오일을 발라 마감하는 방법입니다. 이렇게 도포하면 나뭇결이 한층 더 돋보입니다.

나무 표면에 막을 만들지 않기 때문에 나무는 계속 숨을 쉴 수 있습니다. 공기가 건조할 때는 수분을 내뿜고 습도가 높을 때는 수분을 빨아들입니다. 보기에 좋고 시간의 경과에 따른 변화를 즐길 수 있다는 장점이 있는 반면, 오염에 약하며 테이블 상판 등은 수분으로 인해 얼룩이 쉽게 생기기도 합니다. 충격에 의한 상처도 잘 생기는 편입니다. 6개월에 한 번 정도는 오일을 발라 관리해야 하므로 시간의 경과와 함께 변해가는 모습을 즐기고자 하는 '소신파'에게 적합합니다.

POINT
- 나무의 질감을 그대로 즐길 수 있다.
- 시간의 경과에 따른 변화를 즐길 수 있다.
- 오염이나 수분에 강한 편은 아니다.
- 정기적 관리가 필요하다.

우레탄 도장

우레탄 수지를 사용해 가구 표면에 막을 형성하는 가공방법입니다. 수분과 오염으로부터 목재를 보호합니다. 테이블 상판 등 쉽게 더러워지는 곳도 재빨리 닦으면 깨끗해지는 것이 장점입니다.
아이를 키우는 세대 등 쉽게 더럽혀지거나 부딪치는 일이 잦은 가정에서 선택하기에 좋은 도장 마감이라고 할 수 있습니다.
하지만 나무의 표면을 막으로 덮었기 때문에 나무 고유의 질감을 느끼기는 어렵습니다. 반들반들한 질감이 특징인데, 최근에는 광택이 그다지 강하지 않은 비교적 매트한 느낌의 제품도 생산되고 있습니다. 시간의 경과에 따른 변화가 없어서 새 제품 같은 외형을 오래 유지할 수 있습니다. 우레탄 수지가 벗겨지면 기본적으로는 새것으로 교체합니다.

POINT
- 오염이나 물에 강하다.
- 광택이 있는 경우가 많다.
- 시간의 경과에 따른 변화가 없다.

래커 도장

래커용제를 휘발시켜 나무 표면에 막을 형성하는 방법입니다. 보호력은 우레탄 도장과 오일 마감의 중간 정도입니다. 물이나 오염이 쉽게 묻는 곳에는 그다지 적합하지 않으며 수납 선반에 사용하는 것이 최적입니다.
일본 앤티크 가구에 자주 사용되는 도장 방법입니다. 기존의 도장을 벗겨내고 다시 칠하는 고가구 수선 시에도 사용되고 있습니다.

POINT
- 오염에 강하다 (우레탄 도장보다는 약하다)
- 광택은 별로 없고 매트한 질감.
- 시간의 경과에 따른 변화가 없다.

오일 마감 가구의 관리

오일로 마감한 가구의 오일은 시간이 지나면 빠져나가게 되므로 가구가 광택을 잃게 됩니다. 6개월에 한 번 정도 정기적으로 오일을 다시 발라 보기 좋은 상태를 유지하기 바랍니다. 건조로 인한 갈라짐도 방지할 수 있습니다.
방법은 간단합니다. 마른걸레로 닦은 뒤 오일을 바르고, 한 번 더 마른 걸레질을 한 후 반나절 정도 통풍이 잘되는 곳에서 말리기만 하면 됩니다. 실제로 오일 마감한 가구를 쓰는 사람 중에는 익숙해지면 이 작업이 그다지 수고롭지 않다고 말하는 경우도 많습니다.

PART 05

내추럴 빈티지 인테리어 실천 아이디어

마지막 장은 실제 인테리어에 활용한 아이디어 파트입니다.
앞에서 설명한 이론을 잘 적용하여 내추럴 빈티지 인테리어를 완성한 집들을 소개합니다.
1인 가구가 사는 집, 가족이 함께 사는 집.
유럽풍의 산뜻한 집, 앤티크 스타일로 꾸민 집.
당신만의 개성이 담긴 집을 만드는데 도움이 될 것입니다.

001

벽은 흰색,

바닥은 우드 컬러면 OK

1 화이트 플로어링 바닥 × 화이트 벽의 집. 베이스가 흰색으로 통일되어 있으며 앤티크 가구와 소품이 눈길을 끈다.
2 내추럴 컬러의 바닥 × 화이트 벽의 다이닝룸. 큰 창에 천연 소재 커튼을 달아 벽과 잘 어울리고 집이 넓게 느껴진다.
3 흰 벽 × 진한 브라운 창호에 짙은 색 가구로 빈티지한 느낌의 집.
4 대형 러그 매트를 깔아 바닥의 존재감을 줄인 인테리어.

002
면적이 넓은
인테리어는
톤을 맞춘다

1 커튼과 러그 매트, 거기에 소파와 쿠션의 색까지 맞춰 통일감 있는 집으로.
2 라이트 그레이의 러그 매트와 블라인드의 톤을 맞춰 공간의 통일감을 연출. 작은 원룸을 넓어 보이게 하는 효과가 있다.
3 작은 원룸에서는 압박감을 느끼기 쉬운 침대도 커튼이나 러그와 톤을 맞추면 존재감을 줄일 수 있다.

００３
러그 매트를 깔아
공간을 분리한다

1

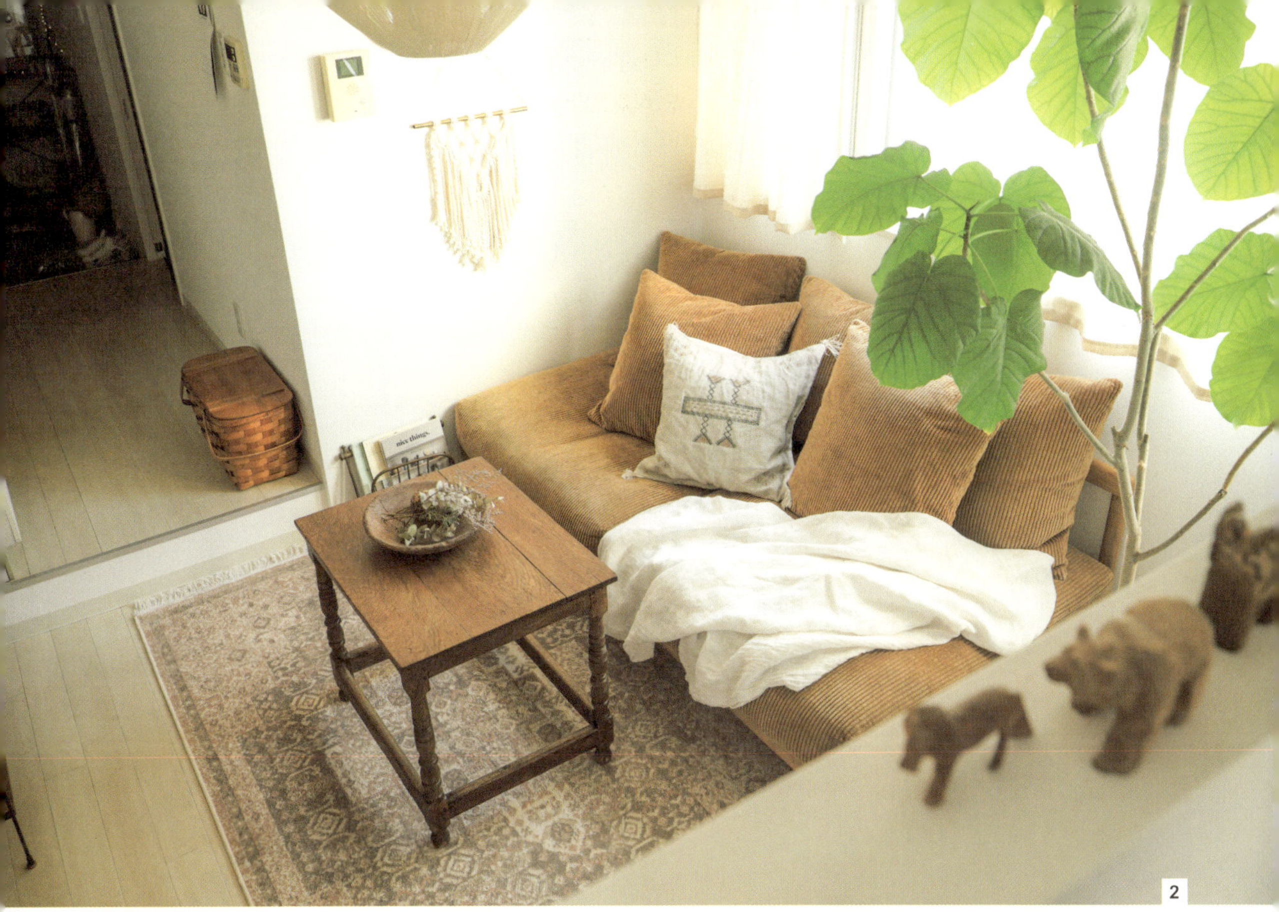

1 다이닝룸에 러그 매트를 깔면 식사 공간이 조닝되어 공간을 구분할 수 있다.
2 복잡한 민속 문양의 러그 매트도 색을 줄인 제품으로 고르면 보기 좋은 포인트가 된다.
3 자연 소재의 러그 매트로 다이닝룸에 멋을 더한다.
4 베니와렌 무늬의 러그 매트가 공간의 포인트.
5 소파의 너비보다 큰 러그 매트를. 모노 톤의 기하학 무늬가 재미있다.

004
커튼은 딱 맞는 사이즈의 천연소재를

1 커튼을 창에 맞추면 보기에도 예쁘고 빛과 냉기도 조절할 수 있다.
2 창에 꼭 맞는 커튼으로 깔끔하게 정돈된 느낌. 가구를 돋보이게 하는 배경 역할로도 유용하다.
3 커다란 바닥창에 천연 소재 커튼을 달면 화분의 나뭇잎 사이로 비쳐드는 햇빛도 더 아름답게 보인다.

∅05
빛의 양을 조절해 편안한 공간으로

1, 2 침실에 꼭 두고 싶은 것이 침대 옆의 조명. 소재감 있는 전등갓을 고르면 불빛이 부드러워져 편안한 휴식 공간이 된다.
3 아로마 캔들의 흔들리는 불꽃과 디퓨저에서 나는 향기가 몸과 마음을 편안하게 해준다.

006
다중 조명으로
깊이감 있는 공간 연출

1 펜던트 라이트 × 플로어 조명 × 테이블 조명을 사용. 각 조명의 빛은 너무 밝지 않고 부드러운 빛을 내도록 조절해 느긋한 시간을 보낼 수 있는 다이닝 공간으로.

2 침실도 다중 조명으로. 잠들기 전, 마음을 안정시키기 위해 부드러운 조명을 사용한다. 스마트 전구를 사용하면 잠자기 전에 스마트폰으로 모든 불을 끌 수 있다.

⊘07
필요한 밝기는
1.5평당 15~20W

1 거실이 너무 밝으면 편안함을 느끼기 어려우므로 편히 쉴 수 있는 광량을 계산하여 여러 개의 조명을 설치.
2 작은 원룸도 다중 조명을 이용해 아늑한 집으로.
3 따뜻한 주황색 빛이 부드럽게 방을 비춘다. 천장에는 투명 유리 제품의 조명을 달아 전구색의 효과를 더욱 잘 느낄 수 있다.

⊘08
조명의 컬러는
전구색으로
통일한다

009
거실에는 실링라이트
다이닝룸에는
펜던트 라이트

1 거실의 천장 조명은 머리를 부딪치는 일이 없도록 천장 가까이에 콤팩트하게 들어가는 실링 라이트로. 조명이 공간을 압박하지 않고 넓게 느껴지는 효과도 있다.
2 식탁 위쪽에 펜던트 라이트를 설치. 인상적인 디자인의 조명은 방의 포컬 포인트로도 기능.

010

톤을 맞춰
가구를 고른다

1 빈티지 식탁과 해묵은 Y 체어. 시간이 지나면서 수수하고 깊은 멋이 나는 톤으로 변했다.
2 어두운 그레이시 톤으로 가구를 맞춘 LDK. 다크 브라운의 테이블과 거울, 진한 카키색 소파를 깊은 멋이 있는 어스 컬러와 맞춰 빈티지한 멋이 있는 집으로.

011
심플한 소파에
소품으로
포인트를 더한다

1

2

3

1, 2, 3 심플한 무지 소파에 쿠션으로 포인트를 더했다. 쿠션은 같은 것으로 통일하기 보다 뜨개 무늬가 눈에 띄는 커버와 무늬가 없는 커버, 작은 것과 큰 것 등을 다양하게 매치하면 세련된 느낌이 난다.
4 쿠션은 보기에 예쁠 뿐만 아니라 편안함과도 직결되는 아이템이다.

012
세련된 의자 선택의
비결은 믹스 스타일

1 빈티지 의자를 여러 개 활용한 믹스 스타일. 모양이 다른 의자를 선택했지만 수종과 컬러를 맞춰 통일감을 연출.
2, 3, 4 2인용 식탁이지만 용도에 따라 구분해 사용할 수 있도록 의자는 다른 것으로. 색과 소재를 맞추면 통일감을 유지할 수 있다.

013
최적의 테이블 사이즈를 파악한다

1, 2 다이닝룸이지만 식사도 일도 같은 테이블에서 하기 위해 조금 큼지막한 테이블을 구입했다. 테이블 하나를 다양한 용도로 사용할 수 있어 편리하다.
3 아이가 둘인 4인 가족의 식탁. 미래를 생각해 폭이 넓은 것으로 구입했다. 이곳에서 오랫동안 가족들과 대화를 즐기며 지내고 싶다는 바람이 느껴진다.

○14
테이블 상판과
의자 좌면 사이의
간격은 26~30cm

1 테이블 상판과 의자 좌면 사이의 간격이 30cm인 라운드 테이블과 라탄 의자. 원룸에서는 한 테이블에서 커피도 마시고 메이크업과 식사도 해결하므로 상판과 좌면 사이의 간격을 넉넉히 잡아 편하게 사용하도록 한다.
2, 3 테이블 상판과 의자 좌면 사이의 간격이 26cm인 나지막한 식탁을 선택. 식사 후 이곳에서 대화도 나눈다.

015
수납의 법칙은 보여주기 2 VS 숨기기 8

1, 2, 3 문 달린 수납장은 보여주기 싫은 물건을 안에 넣을 수 있으므로 공간을 깔끔하게 만들어준다. 수납장 상부에는 보여주고 싶은 것만 디스플레이하여 포컬 포인트로.

4

5

4, 5, 6 문이 없는 수납 공간은 디스플레이처럼 의식적으로 꾸민다는 생각으로. 보여주고 싶지 않은 잡다한 물건은 바구니 안에 넣어 사각 수납한다.

6

016
침대는 여유있게
한 치수 큰 사이즈를

큰 침대에서 아이들이 자유롭게 낮잠을 자고 있다. 싱글 사이즈 침대 2개를 연결하면 가족 모두가 누울 수 있는 침대가 된다. 나중에는 침대를 각각 분리해 아이들의 침대로 사용할 생각이다.

017
포인트 아이템으로 꾸민다

1, 2 심플한 선반에는 그림이나 오브제 등 비주얼 느낌이 강한 아이템을 놓아 포컬 포인트로. 나무의 색을 중심으로 통일했지만 유리나 금속 등 다른 소재도 섞어 볼거리를 만들었다.

018
고풍스러운 소품으로 깊은 멋을 낸다

3 앤티크 가구로 맞춘 거실의 한쪽. 앤티크 가구에는 벼룩시장에서 꾸준히 사 모은 앤티크 잡화를 디스플레이. 꽃병에는 드라이플라워를 꽂아 더욱 깊은 멋을 냈다.

019

시간과 함께
변해가는 물건을
내 스타일대로 길들인다

1 식물의 덩굴로 엮은 바구니는 오래 사용하는 동안 황갈색으로 변했다. 잘 관리해서 자녀에게 물려주고 싶다.
2 큼지막한 바구니는 포인트 인테리어로서의 존재감도 탁월하다.
3 라탄 소재의 매거진 랙으로 소파 옆을 꾸몄다.

020
패브릭 아이템으로
공간에 표정을 만든다

심심할 수 있는 침대 주위에는 패브릭을 이용. 이불 커버 위에 패브릭을 걸쳐 멋을 내고, 머리맡에는 뜨개질 무늬가 인상적인 쿠션을 놓아 멋을 더했다.

∅21

자연 소재로
복잡성을 더한다

1 제철 나뭇가지를 대담하게 꽂는다.
2 좁은 공간에는 작은 식물을. 소재감 있는 화분이 좋다.
3, 4 드라이플라워는 화병에 꽂아 즐긴다.
5 아래로 늘어지는 식물은 매달아 장식하면 예쁘게 감상할 수 있다. 밝은 창가에 마크라메 행잉으로.
6 식탁에는 제철 꽃을

022
수작업 흔적이
느껴지는 소품으로
따뜻함을 더한다

1~9 손으로 짠 바구니, 나무를 깎아 만든 그릇과 가구, 손으로 흙을 반죽하고 유약을 발라 만든 도자기. 작가나 장인의 손으로 만들어진 물건들은 공간에 강한 개성과 멋을 더해준다.

1

⊘23
포컬 포인트를
만든다

1 다이닝룸의 벽은 여백으로 인해 허전해지기 쉽다. 그림을 걸면 포컬 포인트가 되어 다이닝룸의 분위기가 좋아진다.
2 입구에 들어서자마자 보이는 시선의 끝에 앤티크 스툴을 설치. 그곳에 드로잉 아트, 꽃병, 유리돔 등 멋있는 아이템을 배치해 포컬 포인트로.
3 딱딱한 분위기가 되기 쉬운 서재에 드로잉 아트를 걸어 눈길을 끈다.

⌀24

디스플레이는 수직, 입체, 평면의 3종 세트

1~7 '수직, 입체, 평면의 3종 세트'라는 규칙만 기억한다면 다양한 장소에서 쉽고 예쁘게 디스플레이를 할 수 있다. 그룹핑과 균등 배치 테크닉도 함께 사용하면 효과적. 어렵다는 생각이 들면 유튜브 동영상을 참고할 수 있다.

∅25

반복의 기술을 활용한다

수납 가구 꼭대기에는 라탄 바구니, 중간 칸에는 라탄 거울, 그리고 의자에도 라탄 소재를 사용하는 등 라탄을 반복해서 배치. 라탄을 반복 활용하여 통일감을 만들어 내는 상급자용 테크닉. 그 밖에 식물, 유리, 소재 등도 반복해서 활용했다.

내추럴 빈티지 인테리어

1쇄 펴낸날   2024년 3월 20일

지은이   Re:CENO
옮긴이   박승희
펴낸이   정원정, 김자영
편집   홍현숙
디자인   패러그래프

JAPAN STAFF

文   平沢千秋
撮影   中原智史、辻口将、岡朱美、佐藤稜己、濱田真也
制作   山本哲也、岩部圭子、江上慈香、岡本健吾

펴낸 곳   즐거운상상
주소   서울시 중구 충무로 13 엘크루메트로시티 1811호
전화   02-706-9452
팩스   02-706-9458
전자우편   happydreampub@naver.com
인스타그램 @happywitches
출판등록   2001년 5월 7일
인쇄   천일문화사

ISBN   979-11-5536-213-6   13590

* 이 책의 모든 글과 그림, 디자인을 무단으로 복사, 복제, 전재하는 것은 저작권법에 위배됩니다.
* 잘못 만들어진 책은 서점에서 교환하여 드립니다.
* 책값은 뒤표지에 있습니다.
* 전자책으로 출간되었습니다.

ナチュラルヴィンテージで作る センスのいらないインテリア
(Natural Vintage de Tsukuru Sense no Iranai Interior:7731-1)
© 2023 Re:CENO
Original Japanese edition published by SHOEISHA Co.,Ltd.
Korean translation rights arranged with SHOEISHA Co.,Ltd. through Botong Agency
Korean translation copyright © 2024 by Happy Dream Publishing co.

이 책의 한국어판 저작권은 Botong Agency를 통한 저작권자와의 독점 계약으로 책만이 소유합니다.
신 저작권법에 의하여 한국 내에서 보호를 받는 저작물이므로 무단전재와 무단복제를 금합니다.